西风几度悲画扇

—纳兰容若词传—

随园散人————

著

湖南文艺出版社
HUNAN LITERATURE AND ART PUBLISHING HOUSE

博集天卷
CS-BOOKY

图书在版编目（CIP）数据

西风几度悲画扇：纳兰容若词传 / 随园散人著 . —
长沙：湖南文艺出版社，2019.12
ISBN 978-7-5404-9438-4

I.①西… II.①随… III.①纳兰性德（1654–
1685）—传记②纳兰性德（1654–1685）—词（文学）—诗歌
欣赏 IV.①K825.6②I207.23

中国版本图书馆 CIP 数据核字（2019）第 194205 号

上架建议：畅销·人物传记

XIFENG JIDU BEI HUASHAN: NALAN RONGRUO CIZHUAN
西风几度悲画扇：纳兰容若词传

作　　者：随园散人
出 版 人：曾赛丰
责任编辑：刘诗哲
监　　制：秦　青
策划编辑：康晓硕
营销编辑：刘晓晨　初　晨
封面设计：一九八四
版式设计：梁秋晨
内文排版：麦莫瑞
封面插画：山　山
出　　版：湖南文艺出版社
　　　　　（长沙市雨花区东二环一段 508 号　邮编：410014）
网　　址：www.hnwy.net
印　　刷：三河市中晟雅豪印务有限公司
经　　销：新华书店
开　　本：875mm×1270mm　1/32
字　　数：226 千字
印　　张：9.5
版　　次：2019 年 12 月第 1 版
印　　次：2019 年 12 月第 1 次印刷
书　　号：ISBN 978-7-5404-9438-4
定　　价：45.00 元

若有质量问题，请致电质量监督电话：010-59096394
团购电话：010-59320018

谁念西风独自凉

西风几度悲画扇

红尘寂静，世事无声。

遥远的山河岁月，我们都是过客。

飘然而来，寂然而去，这便是人生。

以为跋涉过，喧闹过，拼争过，就能被岁月记得几分。终于明白，走得再坚定、再执着，也不过是自我的修行，与岁月无关。所谓天长地久，我们走过的漫长和遥远，于迢迢光年只是刹那。

倒也有人轻描淡写，不着痕迹，却被岁月记取了模样。同样被记取的，还有他们的情怀和故事。就像东篱下采菊的五柳先生，就像孤山上放鹤的和靖先生。

就像三百多年前那个风雅却落寞的才子。

他是纳兰容若。一生一卷词，便足以照耀人间。

岁月待他凉薄，只给他三十一载的光阴，且充满凄凉惆怅。岁月待他也不算太薄，毕竟以温暖之手，拾起了他的故事。于是，后来的我们，才能有幸于喧嚷繁芜的尘世，在他凄清的字里行间，感受那份遥远的清澈与寂静。

自然地，纳兰的人生是悲凉的。西风里有他的叹息，残阳下有他的孤独。所有的故事加起来，似乎都只能用"世事无常"四个字来解释。但这，并不影响他笔下的文字温暖后世的我们。只因，他的词以深情为根底。

可以说，他是为情而生的。爱情也好，友情也好，他总愿意倾尽所有心力。人们说，慧极必伤，情深不寿，他未能幸免。短暂的绚烂后，便是长久的沉寂。幸好，多年后还有无数人对他念念不忘。

他说，我是人间惆怅客；他说，谁怜辛苦东阳瘦。

生于钟鸣鼎食之家，却在人间历经苦楚凄凉。

或许，这喧嚷晦暗的尘世，配不上他的澄澈清雅。

那一场人间的邂逅，从满目繁华到寂寥庭院，仿佛未曾经历春秋变换，就那样，寂静地来，寂静地去，不惹一丝尘埃。然而，聚散离合的痕迹却历历在目。他比任何人都经历得更加明朗和透彻，在每段光阴里，他都认真地踩在大地上，用那颗纯净的心感怀和感悟，然后将静美凄绝的文字，交付给冷月残年。印象中，他总是凄凉的，凄凉得让人忍不住想给他一炉火、一个夏天。

如鱼饮水，冷暖自知。他就这样感叹着，回忆着往事。往事很深，他已触不到最初的温热；往事很浅，像一抹云，走过去便乱了。但他不甘，枕着一窗冷月填词，蘸了往事落笔，换得满心消黯。许多事，去了便是去了，所有的蓦然回首，都只能是叹息的理由。他说，人生若只如初见；他说，当时只道是寻常。不经历悲欢离合，不知其中滋味。

事实上，经历了冷暖悲欢，也未必能读懂纳兰。就像曹寅所言：家家争唱饮水词，纳兰心事几曾知。应该说，那是一个纯粹的生命，在浮华世界里的独自沉默。

那段岁月，只因有过他，便多了几分清朗素净。

三百多年了，他始终在那里，从未老去。

残阳之下，那孤独的身影便是他。

西风乍起，往事就乱了。

目录

Contents

一西风几度悲画扇一

西风几度悲画扇

目录

Contents

目　录 Contents

零落万丈红尘

非关癖爱轻模样，冷处偏佳。别有根芽，不是人间富贵花。

谢娘别后谁能惜，飘泊天涯。寒月悲笳，万里西风瀚海沙。

——《采桑子·塞上咏雪花》

西风几度悲画扇

纳兰容若性情简单，喜欢清雅寂静。生于富贵之家，他却不喜浮华名利。相反，他喜欢的事物，都是清澈的；他结交的朋友，都是明净的。如果可以，他或许只愿坐卧林下，有三五知己，有诗酒流连；如果可以，他不愿被束缚在官场，受尽驱驰羁束之苦。然而，不幸的是，他的出身限制了他的人生，他无法选择与自己性情相符的生活。短暂的人生，他不得不走在那条被设定好的路上。

人生如逆旅

岁月，从不因谁而改变模样。

向来都是沉默着，任由世事发生和结束。

就像天边的月亮，不管人间是繁华还是萧瑟，终是寂静照临。

我们就在这世上，于来去之间，寻找归属，体会况味。渐渐地，有了经历，有了故事，有了悲欢离合。无垠的大千世界，就在这沉默与喧闹之间气象纷呈。仔细想想，终不过是物是人非、沧海桑田。

不管怎样，于这世界，我们只是异乡之人。

苏东坡有首《临江仙·送钱穆父》，词是这样的：

> 一别都门三改火，天涯踏尽红尘。
>
> 依然一笑作春温。无波真古井，有节是秋筠。
>
> 惆怅孤帆连夜发，送行淡月微云。
>
> 尊前不用翠眉颦。人生如逆旅，我亦是行人。

人生如逆旅，我亦是行人。说得多好。

聚散来去，浮沉悲喜，都是人生旅途的片段。

我们终会匆忙归去，就像黄叶，终会落地归根。

尽管如此，来到世间，还是不免忙碌一场。金庸被问及对人生的理解，答得轻描淡写：大闹一场，悄然离去。悄然离去是每个人的结局，终究寂静才是生命本来的模样。金庸所说的大闹一场，在我看来就是生如夏花，尽情尽意。

人的生命气质各异。有飞扬跋扈，便有寂静飘然；有悲伤寥落，便有恬淡从容。性情不同，取舍不同，人生旅途也就大相径庭。于是，有人为浮名虚利而劳心终日，也有人却携了真实的自己，去了林泉山水之间。

纳兰容若性情简单，喜欢清雅寂静。生于富贵之家，他却不喜浮华名利。相反，他喜欢的事物，都是清澈的；他结交的朋友，都是明净的。如果可以，他或许甘愿坐卧林下，有三五知己，有诗酒流连；如果可以，他不愿被束缚在官场，受尽驱驰羁束之苦。然而，不幸的是，他的出身限制了他的人生，他无法选择与自己性情相符的生活。短暂的人生，他不得不走在那条被设定好的路上。

那些年，他在皇帝的身边，塞北江南，走了很远。

看上去极是风光，心中的无奈和悲苦只有自己知道。

他只有将满腹的心事赋予文字，于平仄之间安放。

其实，世间之人有几个完全属于自己呢？生于红尘，便是将自己交给了这个苍茫世界，只能任由岁月雕刻。即便是所谓的选择，到后来也往往会发现，不过是被选择。命运之说很荒诞，但我们又不得不相信，许多事冥冥中早已注定。

生如不系之舟，所谓泅渡，不过是漂泊。

漂着漂着，就漂出了红尘，萍踪无定。

对纳兰来说，人间几如荒原，不见古人，不见来者。只有他孑然的身影立在风里，一轮月，几杯酒，时光静默。所幸，他可以寄情于文字。很难想象，那些荒凉岁月，若无文字，他的悲伤，他的寥落，该寄放何处。

文字的确是奇妙的存在，诗词更是如此。

可作楼阁，收藏残年冷月；可作茅庐，安放画意诗情。

平平仄仄里面，尽是流水高山、细雨闲花。

悲伤欢喜，相聚别离，尽在其中。

纳兰容若，叶赫那拉氏，满洲正黄旗人。女真族跃马关山的豪情，在他身上几乎寻不着。他有的，是款款深情，是温润如玉。从小受汉族文化浸染的纳兰，更像个江南文士，举手投足间满是风雅。正因如此，他所结交的，大都是俊逸的江南才子，如顾贞观，如严绳孙，如朱彝尊。他所向往的，也是小桥流水间的逸致闲情。然而，实际上，他不得不在命运的轮盘里打转，怎么也转不出个山高水长。

他是真正的才子，惊才绝艳。

更重要的是，他有一颗清透的心，并以此认知世界。

但世界给他的，却是满目荒凉。落于纸上，便是平仄间的惆怅。

曾经，一群志趣相投的好友，在渌水亭临风把盏，说不尽的快意。后来，人各天涯，音信杳然。忆起往事，他只能孤独落笔，是如下这般滋味：

才听夜雨，便觉秋如许。绕砌蛩螀人不语，有梦转愁无据。

乱山千叠横江，忆君游倦何方。知否小窗红烛。照人此夜凄凉。

——《清平乐·忆梁汾》

似乎，总是连绵的雨、萧瑟的风，伴他度过秋天的长夜。

秋凉酒冷，故人不在。小窗红烛，总是凄凉况味。

曾经，西窗剪烛，赌书泼茶。有个温婉的女子伴着他，对酌流年。那是他生命里最温暖最美好的日子。但是太短，她猝然离世，他肝肠寸断。在她之前，他是寂寞的；在她之后，他仍是寂寞的。伊人不在，人间再无良夜。他能做的，只有填词，寄托倾世的悲伤。

飞絮飞花何处是，层冰积雪摧残。疏疏一树五更寒。

爱他明月好，憔悴也相关。

最是繁丝摇落后，转教人忆春山。湔裙梦断续应难。

西风多少恨，吹不散眉弯。

——《临江仙·寒柳》

夜深梦醒，独自的地老天荒。

西风瑟瑟，吹不散往事。可他，只能回忆。

她的嫣然巧笑，分明就在眼前，却又太遥远。

在纳兰的笔下，除了悲伤寂寞，也有塞北的壮阔苍凉，也有江南的翩然写意。比如这首《蝶恋花·出塞》，不见了儿女情长，他也可以大气地说一句：今古河山无定数。

今古河山无定数。画角声中，牧马频来去。

满目荒凉谁可语？西风吹老丹枫树。

幽怨从前何处诉。铁马金戈，青冢黄昏路。

一往情深深几许？深山夕照深秋雨。

江南，风物也好，人情也好，纳兰都喜欢。

那里，有山水画舫，有他的足迹，有他肝胆相照的朋友们。

在他笔下，江南是这副模样：

十里湖光载酒游，青帘低映白蘋洲。西风听彻采菱讴。

沙岸有时双袖拥，画船何处一竿收。归来无语晚妆楼。

——《浣溪沙》

清幽，快意，清朗，悠闲。

如果可以，他希望日子一直是这样的意味。

然而，真实的生活，并非如此。偶尔的诗酒快味，总是太短暂，更多的，是漫长无际的寥落。浊世里面，性情太过澄澈，往往会落得个凄凉下场。想必，后世那寂静的诗人选择在铁轨上结束生命，也是因为在与俗世的长久对峙后，终于从厌倦到了绝望。

纳兰词作现存三百余首，内容涉及爱情友谊、边塞江南、咏物咏史等方面，尽管数量不多，眼界也不算开阔，但是由于诗缘情而绮靡，纳兰又是个性情中人，因而他的词作尽出佳品。他的词以"真"取胜，词风清丽婉约，哀感顽艳，格高韵远，独具特色，在清初词坛上独树一帜，词风格近李煜，有"清李后主"之称。

纳兰容若与朱彝尊、陈维崧并称"康熙词坛三鼎足"，由于后世学者多认为康熙词坛为清代词坛最盛期，因此也常将他们称为"清词三大家"。

纳兰容若落拓不羁的性格和天生超逸脱俗的禀赋，加之才华出众、功名轻取的潇洒，与他出身豪门，钟鸣鼎食，入值宫禁，金阶玉堂，平步宦海的前程，构成了一种常人难以体察的矛盾感受。加之爱妻早亡，后续难圆旧时梦，以及文学挚友的聚散，使他无法摆脱内心深处的困惑与悲观。

对职业的厌倦、对富贵的轻看、对仕途的不屑，使得纳兰对凡能轻取的身外之物均无心一顾，但对苦苦求之而不能长久的爱情，对心与境合的自然和谐状态，却流连向往。很可惜，爱情与人生，他不但未得完满，事实上还恰好相反。

这世上，少有事事如意之人，亦少有处处如意之事。

很多时候，所谓如意，不过是恬淡之人的自我安慰。

或许，正因人生寥落，他的形单影只，才让人们愿意遥望和怜惜。

饮水词。

纳兰容若。

人生若只如初见。

他离我们很远，我们只能从这样的字眼中寻觅他。可是仔细一斟酌，穿过岁月尘埃，随着一袖西风，或者一弯明月，踏进那片天地，却清晰地看见，那个憔悴却清俊的身影，就伫立在那里，披着月光，忧郁地望着远方。远方，是一纸荒凉。

不管你愿不愿意承认，当你柔软的心被打开的那些瞬间，你总会被他的词句打动，就像秋夜逢着月光，寒冬逢着飞雪。人世间充满寂寞与荒凉，活在这世上，每个人都有其难言的苦楚，却又无处言说和寄托。

而纳兰,有笔,有文字,生命中的悲喜便仿佛皆有了安身之处。

从他的词里,我们能感觉,三百多年前,这个深情的才子曾真实而纯粹地活着。他的词,一字一句,直达我们心底最柔软、最细腻的地方,恣肆地悲伤,快意地哀愁。这就是他,纳兰容若,一个将文字雕刻得无比精致,却又透着无边凉意的人。

盛世的庭院里,有他索寞的身影。风前月下,独自叹息。

有一怀的心绪,有满腹的才华,有道不尽的悲伤。

少有人,读得懂他的心事。

莫问千秋万岁名

诗人说，喜欢你是寂静的。

寂静，是月色如莲，是时光不语。

或许，也是独自沉思时的天高云阔。

纳兰容若就在时光深处沉思着，寂静着。仿佛，尘世的喧嚣与纷扰皆与他无关；仿佛，遗世独立于山间云下，独自清欢。但实际上，他就在繁华中，在喧嚷不休的世界中，独饮秋风。

印象中，他永远是落寞惆怅的模样。

他的父亲，位高权重的纳兰明珠，显然不喜欢他这副模样。

尽管血脉相承，但他们有着截然不同的生命特质。一个煊赫，一个寂静；一个苦心孤诣，为名利而争逐，一个心性淡泊，只愿纵情诗酒。因此，父亲希望纳兰做的事情和过的人生，恰好是纳兰最想逃避的。

关于纳兰的故事，还得从他的姓氏说起。从血缘上看，纳兰其实并非满族，而是属于蒙古土默特氏。后来，这支蒙古部族征服了满洲的那拉氏，从此改姓那拉。再后来，他们举族迁至叶赫河畔，即如今吉林省四平市铁东区叶赫满族镇附近，后人称其为叶赫那拉氏。

明代之初，满族的前身女真族，分为三大部：建州、海西、野人。叶赫部属于海西女真。那拉部族的首领金台什继兄之后成为贝勒。万历十六年（1588），他的妹妹孟古嫁给了努尔哈赤，生了皇子，即皇太极。由此可见，那拉氏与清朝皇族渊源不浅。不过，这样的关系，在野心与权力面前，可以说微不足道。

为了权力地位，父子成仇，兄弟反目，这样的悲剧历史上并不少见。玄武门清晨的刀光剑影，九子夺嫡的斑斑血迹，都不过是权力争斗的缩影。终究，人心不可测，声名权欲的诱惑，没有几个人能抵抗。因此，如纳兰这样明净清澈无心名利的人，才更让人钦佩。

万历四十七年（1619），为了统一女真各部，努尔哈赤率兵攻打叶赫部，其舅兄金台什战败后自焚不成，被其绞杀。金台什的儿子请降，后被授予三等副将，世袭佐领。他的次子尼雅哈以姑母为皇太极生母的名义，跟随顺治帝入主关内，之后屡立战功，被编入正黄旗。叶赫那拉氏从此成为"八旗"（正黄旗、正白旗、正红旗、正蓝旗、镶黄旗、镶白旗、镶红旗、镶蓝旗，分别统率满蒙汉民族的八支军队，合称八旗）之一，是为清朝八大贵族姓氏之一。尼雅哈，就是纳兰明珠的父亲。

这样的出身，纳兰不以为意，甚至很是厌恶。他更希望出身于寻常人家，做个闲散文人，饮酒填词，悠游天下。但他的父亲明珠，却以此出身为荣耀，事实上他也借此扶摇而上，成了朝廷重臣。

总是这样，有人钻营于利名，有人忘情于云水。

未必，澎湃激荡的才是人生。这世界，也需要几分淡净风雅。

纳兰出身高贵，却宁愿守着一分纯真，守着清风明月，至情至性地活着。如果可以，他愿意简单地生活，哪怕茅庐布衣，哪怕只剩文字为伴。他是大清帝国这条冰冷河流里一只轻快的船，从铁马秋风的塞北，到杏花春雨的江南，一直随心而走。只是，他还未走出那片喧嚣的大地，就已经沉落了，只剩一抹凄清，任后人探求和寻味。

纳兰明珠出生以后，因为是家庭中的次子，无法继承父亲的爵位和世职，但他拥有聪明的头脑、干练的作风和沉稳的性格。他必须凭着一股志气，在那个人情冷暖的官场，夺得自己想要的东西。如果说机会总是青睐有准备的人，那么，明珠就是那个一直准备着飞黄腾达的人。他渴望那样的机会，就像苍鹰渴望蓝天一样。

顺治时代，明珠是从大内侍卫开始的，这是他人生第一块基石。他就是从这么一个看似平凡的职位开始，一步一步走向了政治的顶峰。对政治，他就像天生嗜血的动物遇到鲜血一样。

而纳兰，也做过康熙皇帝的侍卫，倘若他热衷于政治，或许也会有不凡的作为。但恰恰相反，他不属于政治，不属于仕途。对那些几乎唾手可得的权力、地位，他有种味同嚼蜡的厌恶感。我们可以想象，纳兰与父亲在一起的时候，尽管血脉相连，尽管近在咫尺，却在性灵上、理想上，不啻隔着山岳。

他们，终究是两个世界的人。

一个属于名缰利锁，一个属于清风明月。

正所谓虎父无犬子，不知道明珠在面对这个只喜欢舞文弄墨，且时刻流露着伤感情绪的儿子时，作何感受。或许是因为明珠一生，在政治上用心太深，所以他的儿子纳兰容若就走了另一个极端，用情太深。当然，此为戏言。从帝王侍卫开始，明珠正在向着自己的政治理想矢志不移地攀爬着。其中的隐忍与黯淡，只有自己知道。

彼时，明珠所侍奉的顺治皇帝，也是个深情男子。可惜，他深爱着的董鄂氏红颜薄命。在这女子离去后，顺治皇帝因心痛而形销骨立，竟最终弃世而去。有人说他英年早逝，也有人说他遁入了空门，众说纷纭，莫衷一是。

用情太深的人，是不适合走仕途的。要知道，那是一条阴冷甚至血腥的路，往往尚未见鲜血，就已是尸横遍野了。纳兰厌恶仕途，除了心性澄澈，想必也是为此。虚与委蛇他学不会，钩心斗角他学不会。

他喜欢的就是以真实的自己，对话真实的世界。

手中有酒，心中有诗，窗前有月，自得几分快活。

自然，最好还有三五知己，把盏酬唱。

顺治时期，明珠从大内侍卫升迁到了銮仪卫治仪正，负责銮驾礼仪。多年的苦心经营，终于有了收获。在康熙朝，明珠青云直上，从内务府郎中到内务府总管，最后终于成了大清宰相。

北京西郊有一块石碑，上书"明珠及妻觉罗氏诰封碑"，据考证为康熙二十三年（1684）九月二十四日所立（是年纳兰三十岁）。碑文记载：明珠"初任云麾使，二任郎中，三任内务府总管，四任内弘文院学士，五任加一级，六任刑部尚书，七任都察院左都御史，八任都察院左都御史、经筵讲官，九任经筵讲官、兵部尚书，十任经筵讲官、兵部尚书、佐领，十一任经筵讲官、吏部尚书、佐领，十二任加一级，十三任武英殿大学士兼礼部尚书、佐领、加一级，十四任今职"。

这里所说的"今职"，是指当时明珠的职位：太子太傅、武英殿大学士兼礼部尚书、佐领、加一级，而后更赐三眼花翎。对明珠来说，或者对任何一个从最底端做起，一路风雨跋涉，终于抵达政治巅峰的人来说，这是一条艰险和苦涩的路。路上，有倾轧，有权谋，有性情的弃置，有生命的幻灭。但一切都是那样顺理成章，因为政治二字，原本，就意味着冰冷和无情。

明珠这面镜子，清晰地映照出了纳兰的与众不同。

他的灵动清澈，他的恬淡深情，一目了然。

明珠的夫人，也就是纳兰的母亲，是阿济格的女儿。在顺治朝，明珠还只是个大内侍卫的时候，她就嫁给了他。阿济格是努尔哈赤的第十二个儿子，有多尔衮和多铎两个权势极盛的同母兄弟，他勇猛凶悍，战功卓著，被册封为英亲王，在最显赫的一字王之列，又授靖远大将军，平定过李自成。可惜他太过张扬，又毫无城府，摄政王多尔衮死后，他终于在残酷的权力斗争中落败，被收监赐死，革除宗籍，没收全部家产。在这样的情况下，明珠才有幸娶了亲王阿济格的女儿。

明珠是康熙朝的铁腕权相，他的夫人虽出身没落名门，但仍是无比强悍和乖戾。据说她妒性极强，甚至严禁任何侍女与明珠交谈，令人毛骨悚然的是，一次明珠偶然说起某个侍女眼睛很漂亮，次日清晨明珠就看到一个盘子，盘子里盛的正是那个侍女的一双眼睛。

纳兰容若，这个多愁善感的俊雅公子，就出生于这个家庭。

所幸，父亲的阴沉练达，母亲的强悍乖戾，都没有遗传到他身上。

他就像一片叶，在人间飘荡，寂静而深情。

那能寂寞芳菲节，欲话生平。夜已三更。一阕悲歌泪暗零。

须知秋叶春花促，点鬓星星。遇酒须倾，莫问千秋万岁名。

——《采桑子》

功名利禄，荣华富贵，他看得极淡。

与之相比，他更喜欢风前月下，红袖添香。

只是，才子佳人的故事往往悲剧居多。

别有根芽，不是人间富贵花

世事，变幻不定，起落不休。

所有的繁华与绚丽，都有落幕的时候。

辉煌的大清帝国早已去远，曾经睥睨天下的王侯将相也已去远。如今，紫禁城依旧喧闹，但来来去去的只是寻常过客。往往是这样，再丰盛的岁月，去了也便从此沉寂，只剩残阳荒草。

但我们，仍要回到三百多年前的大地上，在那段恢宏的历史中，找寻他的身影。他是纳兰容若，与那个日渐强盛的时代格格不入，与满目的繁华亦是难以相容。他就像一阕小令，看似简短，却是含蓄隽永。

依稀可见，清军的战马一路奔驰，过了山海关。一个王朝被踩得粉碎，曾经君临四海的天子黯然回首，沉默着自缢而逝，了断了前尘旧事。新的王朝随之诞生，只剩下许多志气尚存的义士，打着"反清复明"的旗号，为那逝去的时代招魂。

依稀可见，大清铁骑南下江南，在朦胧的烟雨中，制造了"扬州十日"和"嘉定三屠"这样的惨剧。金戈铁马之中，生命零落如尘。江山摇落，王朝更迭，随之发生的，往往是生灵涂炭。青史上只是简单地写着：胜者为王，败者为寇。

终于，尘埃落定，在一片叹息声中，属于大清王朝的历史，拉开了序幕。然后，紫禁城里，新臣旧宦各归其位。大明旧臣们的不屈风骨，渐渐被磨成了顺从。再后来，人们终于明白，马背上的民族未必治不得天下。事实上，满族君臣虽仍保留了勇武，但是在汉文化的熏陶下，有了情致，有了风雅。汉民族对所谓夷狄的偏见，渐渐没了声响。

大清王朝的顶端，爱新觉罗·福临端坐着，几分威严，几分儒雅。没有人能看出，他竟是个情种；也没有人能想到，九五之尊的他会英年早逝。此时，让他交付了所有痴情的董鄂氏尚未入宫，他倒也兢兢业业。

顺治十一年腊月十二日（1655年1月19日），明珠府里上下忙忙碌碌，张灯结彩，只为迎接一个生命的到来。他就是纳兰容若。他真的来了，在那座被无数人欣羡的宅院里降生。不论人间多么冷寂，他终究是来了。

来得寂静，像是一粒尘。

周围人们的欢笑，是整个世界的喧响。

此时的明珠，虽只是顺治帝身边的侍卫，但他向往着仕途的荣耀。只是，所有的抱负都还深藏心底。他向来如此，深藏不露，喜怒不形于色。而纳兰，与生俱来的高贵里面，更有着与生俱来的忧郁。当然，还有从未改变的清透和纯粹。

后来的岁月，他始终像一个贪玩的孩子，在宽广的大海边，钻进一堆贝壳里面，把那些杂乱的贝壳理出头绪，整齐地排列起来，然后忙里偷闲地在海滩上写几个字，或者，把柔软的浪花捉住，放进某一个他喜

欢的贝壳里。他永远这样纯真，用一颗纯净的心来体悟人情冷暖，用一
双纯净的眼睛来欣赏花开月落。可他又是悲伤和凄凉的，那一生于他，
有过无限的欢喜，有过绚烂的相逢，可是最多的还是寥落与哀愁。

外面的世界，飘着雪，匝地洁白。

这就是他生命的气质，不入俗流，不惹尘埃。

寒冬腊月，明珠府一片欢腾。这个初临尘世的小生命，是明珠的长
子，必将受到无比的荣宠。在他降生后，明珠的仕途可谓平步青云。如
果不出意外，未来的某天，这个孩子会如他父亲那样，成为万人仰视的
人物。然而，后来的一切都在意料之外。

他是纳兰，来自富贵之家，但并不以此为傲。事实上，如果可以，
他宁愿守着一个可心女子，临风对月，烹茶写诗；如果可以，他宁愿做
一介布衣，泛舟湖上，一蓑烟雨任平生。多年后，纳兰写了首《采桑
子》，表达了自己对富贵显赫的不屑。他更喜欢，自由地活在人间，哪
怕只有陋巷茅庐可以寄身，至少无拘无束。

非关癖爱轻模样，冷处偏佳。别有根芽，不是人间富贵花。

谢娘别后谁能惜，飘泊天涯。寒月悲笳，万里西风瀚海沙。

——《采桑子·塞上咏雪花》

我们无法选择出身，但我们可以选择自己的生活方式和生命理想。
做一棵草还是一束花，一滴水还是一颗尘，我们自会在心底有一种念
想。只不过，经历了世事，人们往往会被生活打磨成自己并不喜欢的模
样。真实的生活，毕竟不是斜风细雨，每个人都有人生要打理，都有考
卷要作答。

终于，天真与澄澈消失无踪，剩下的只有世故。

却又自我解嘲地说，只是选择了与生活握手言和。

当然，能够从始至终保持纯真的人，又往往不得不在孤寂生涯里独自行走，顶多有三两知己给予偶尔的心灵慰藉，却也仍在尘世茕茕孑立。

明珠给儿子取名成德。《易经》里有"君子以成德为行，日可见之行也"，明珠当然希望自己的儿子以君子之道行事，他对纳兰是满怀期待的。后来在纳兰二十多岁的时候，康熙帝立第二子为皇太子，皇太子小名保成，为了避皇太子的名讳，纳兰改名性德。第二年，太子改名胤礽，纳兰又恢复了成德这个名字。不过，从此以后，人们便习惯了称他为纳兰性德。

纳兰还有一个好听的小名叫冬郎。

唐朝诗人韩偓小名冬郎，幼时极是聪慧，被誉为神童。韩偓的父亲与李商隐是故交，在李商隐离开京城时，朋友们为他设宴饯行，年仅十岁的韩偓即席赋诗，令在场所有人颇为惊叹。后来，忆起此事，李商隐仍对韩偓的才气欣赏不已，写了两首七绝寄给韩偓，其中一首是这样：

> 十岁裁诗走马成，冷灰残烛动离情。
>
> 桐花万里丹山路，雏凤清于老凤声。

或许，纳兰明珠为儿子取冬郎这个名字，也是希望他如韩偓那样年少成名，雏凤清于老凤声。后来，纳兰的好友顾贞观还曾拿冬郎这个名字打趣纳兰。不过，每每被问起这个名字的来历，纳兰总会说，只因生于腊月，所以小名叫冬郎。

此时，降生未久的纳兰，闪着一双透亮的眼睛，尚不知外面的世界，未来对他到底是苦还是甘，是福还是祸。他也不知道，生于这个深深庭院，到底是荣宠还是无奈。人生如梦，世事如冰，纳兰亦不例外。

来去之间，飘飘荡荡，不着痕迹。

但生命的痕迹，就在每个人的故事里。

曲曲折折，是我们走过的沧海桑田。

从来到去，他只有三十一载，却为这死寂的尘寰，留下一个凄美的形象，在西风里，在明月下，形影相吊。深爱着的女子，一个个被命运之神从他身边无情地带走了。他的心中拥有一切的美好，却仿佛只有影子陪伴着自己。他拥有无数人渴望的出身，却仿佛只是一颗静默的尘埃。他是从坚硬的大清帝国的缝隙里长出来的野草，春秋短暂，人世匆忙。但那情怀，却永远被人们惦念。

周岁的纳兰，在一场似是而非的游戏中，进行了一次命运的选择。那种叫作抓周的游戏，似乎很无聊，但就是这么一种游戏，却预示了纳兰的一生。他的眸子清澈而透亮。在诸多物品中，他一手抓起珠钗，一手抓起毛笔，对其他物品视而不见。这就是他的选择。

仅是周岁的纳兰，已经为自己的人生做了最明白的选择。他的生命，属于文字，属于深情。后来的三十年，他为之倾尽了所有。他的人生就是如此，简单而生动，美丽而哀伤。也许，他来到尘世，就是为了那两样东西，他必须为此毫无保留地付出。于是，他真的这样做了，直到生命的终点，无怨无悔。

值得一提的是，按农历算，纳兰出生的这一年（顺治十一年），在大清帝国，还有一个人出生，他叫爱新觉罗·玄烨，即康熙大帝。

两个截然不同的生命，一个如太阳般灼热，一个如月亮般凄清；一个恢宏而煊赫，振臂一呼威震四海；一个悲伤而安静，一支笔写万世悲愁。两个男人，两种至高的境界，这一年的人间，很不寻常。实际上，这一年也很寻常。只是沧海桑田的一页，掀过去就再也回不来。

只是那个人，那个精灵一样来到尘世的孩子，将走上一条让人揪心的路，我们必须把目光锁定在属于他的那一页，哪怕那里很悲凉，哪怕只看到他的一个背影，在秋风中落寞。

有人说，喜欢生命本来的模样。

我想，这本来的模样，也就是未经世事，不沾尘埃。

让人赞叹的是，多年以后，纳兰仍保留着最初的素净清澈。

其实，那就是生命本来的模样。

白衣胜雪少年

人生，可说是从零开始，日渐丰盛。

亦可以说，人生是从完满开始，慢慢归零。

入了红尘，便是入了异乡。经过道路，亦被道路经过；流连风景，亦被风景流连。就这样，走走停停，有了平上去入，有了悲欢离合。于是，因为不同的际遇，生命有了不同的质感和体悟。不管怎样，实际的情况是，人越丰盛，反而越接近于平淡。

现在，纳兰来到了世间。至少在此时，喧嚣与惨淡，挣扎与彷徨，都与他无关。他有个体面的出身，不管后来他如何看待这出身，至少人们对此无比羡慕。他的身上系着父亲的期望，志存高远的明珠希望自己的长子能够登科拜相，成为万人瞩目的人物。

那年，二十出头的纳兰明珠，还仅仅是个侍卫，不声不响，勤勤恳恳。他心中的抱负却在那个看似卑微的职位上暗自生长着。多年后，纳兰也曾以同样的身份，跟随在帝王身边。不同的是，那时候他眼中闪过的多是落寞与无奈。扈从天子，对寻常人来说，当然是无上荣光的事情。然而，于纳兰，却是樊笼。其实，他只愿做个文人，散淡而自在。

生命各有气象，一点勉强不得。

山有山的崔嵬，水有水的清浅，云有云的悠然。

遗憾的是，大部分人被生活塑造成了远离本心的模样。

那时候，顾贞观、朱彝尊、严绳孙、姜宸英等才子正值华年。江南云水之间，他们身为布衣，却独得清闲。扁舟渔火，清茗晚照，那是属于文人的清欢滋味。

从世俗定义来看，纳兰是幸运的。除了高贵的出身，上天还给了他无可比拟的天资。他聪颖灵慧，像个精灵。小小年岁，他已通晓诗文，在当时的京城有着"贵族神童"的美誉。

星月少年时，谁都有这样的时节。云下的日子，暖风习习，细雨纷纷，不识愁滋味的少年，恣意地贪玩，无须理会世事纷扰。就好像，这样的年月没有尽头。后来才发现，那样的年岁只是刹那，不知不觉，我们已走出了芳菲绚烂年华。就连年少轻狂，也匆忙地变成了回忆。事实上，整个人生，何尝不是转瞬间的异乡来去？

纳兰的童年，是在无比的呵护和无数的赞誉中度过的。他长得秀气，加之天资聪颖，可谓人见人爱。明珠对他寄予了厚望，所以在他很小的时候，就对他开始了文化启蒙。自然地，他所接受的，都是儒家文化的熏陶。

在明珠府邸，亭台楼阁、水榭汀兰边，总有纳兰的身影，捧着书卷，爱不释手。与书有缘，与文字有缘，无论幸与不幸，都是避不开的。他喜欢读书，喜欢在文字中游走，就像周岁时那次抓周的结果，文字于他，是终身的伴侣。

有了文字，他的世界方能在凄凉之中，独留几分安然。

有了文字，他才是我们熟悉的纳兰容若。

清朝入关以后，那些骁勇剽悍的八旗子弟，渐渐触摸到了汉人文化中的柔美，于是将刀剑入库，将粗犷的大手伸向了中原文化。这世界，人们在不断融合的同时，文化也在潜移默化中完成着融合。而纳兰，将在这样的文化融合中，完成生命的嬗变，从一个八旗贵公子变成真正的浊世才子。

他在明珠府里渐渐成长。只是，不经意间，长出了忧郁。看上去，他不是富贵公子，而更像个江南书生。他的变化，明珠已有察觉。眉宇间那几分忧郁，越来越明显。当他独自立在庭院中仰望明月苦思冥想时，当他面对满地落花眼神哀戚时，明珠不免忧心。这不是铁血满洲人后代该有的模样。明珠的一生，历经风浪浮沉，走到了权力的顶峰。所以他也希望，自己的儿子是纵横于朝廷的磅礴模样，而不是寂静感伤，沉湎于风花雪月。

然而，纳兰不是为荣耀而来，不是为功名利禄而来。来到人间，他只如一朵青莲，独自绽放，独自凋零。他的人生，注定要在悲伤中度过。若非如此，今时的我们，就不会因他的词句暗自伤神。

按照满洲人的习俗，男孩到了四五岁就要开始学习骑射。尽管大清王朝日渐承平，汉文化也在满族人的血液里生根发芽，但清朝贵族并未忘本，他们时刻提醒自己，要让后辈具备驰骋疆场的血性和能力。

四五岁的时候，纳兰也开始学习骑射了。最初，明珠希望他通过骑射练习变得勇武和果敢。后来，明珠更是希望，骑射学习能够渐渐磨掉纳兰的忧郁。只是，纳兰的忧郁和伤感是骨子里的，纵然可以弯弓射雕，回归寂静的时候，他仍会莫名心伤。

还好，纳兰喜欢骑射。终究，此时的他只是个孩子，轻灵而跳脱。

事实上，他比其他孩子还要刻苦。或许我们可以这样理解，他从来都是个唯美主义者，无论做什么，都不许有瑕疵。

当然，彼时的纳兰，也许真的想过，在人群中出类拔萃，在未来某天策马疆场，建功立业。倘若是那样，或许他就不会早逝，生命会是完全不同的景象。但这世界，便少了个风雅的才子，我们也就没了探寻他的理由。

纳兰七岁的时候，明珠邀请了一些王公贵族以及小公子、小贝勒到明府花园，为的是试试这些后辈的骑射功夫。纳兰在同辈中最是出众，出手便射中了红心，在场之人无不震惊。

康熙十二年（1673），时任兵部尚书的纳兰明珠，在京城正南二十里的晾鹰台组织过阅兵大典和围猎训练。当时，纳兰也列席在八旗战士的阵营里。在几千名八旗战士中间，他有一种热血沸腾的感觉，似乎回到了当年祖辈跃马关山的情境中。那时候，他的脸上没有忧郁，有的是慷慨激昂，有的是气冲霄汉的豪情。

但这情绪很短暂，过去之后，他仍是那个静默的纳兰。

月下的人间，心事没个着落。那是他寂寥的身影。

那日，纳兰看到了康熙皇帝。十九岁的天子，端坐于晾鹰台之上，威武庄严，俯视一切。纳兰定然被那样的王者之气震撼过，那是他永远都不会有的气质。但他，却在另一片天地，以轻灵凄婉笔意，写下了几百首令人黯然的词。对喜欢他的人们来说，他何尝不是另一种王者。王国维称赞他说，北宋以来，一人而已。并非谬赞。他是这样，柔也柔得透彻，悲也悲得尽情。

相比于骑射，纳兰更喜欢的还是诗文。很显然，后者才是他的灵魂。韩偓少有才名，被李商隐称赞"十岁裁诗走马成"。纳兰与之

相比亦不逊色。据记载，纳兰最早的诗也是作于十岁那年。康熙三年
（1664）元宵节，发生了月食（月蚀），纳兰以诗记录了当时情景，题
为《上元月蚀》：

> 夹道香尘拥狭斜，金波无影暗千家。
> 姮娥应是羞分镜，故倩轻云掩素华。

诗的大概意思是：元宵之夜，没能等来月满倾城，想必是嫦娥害
了羞，不肯移开镜子露出脸庞，还特意遮掩了一层轻柔的云彩。十岁的
纳兰，对诗歌格律已是熟稔于心了。当日，他还写了另一首《上元即
事》，极言灯火璀璨，其中不乏典故：

> 翠耗银鞍南陌回，凤城箫鼓殷如雷。
> 分明太乙峰头过，一片金莲火里开。

聪慧的纳兰，的确是配得上神童二字。

同时也可以看出，明珠对他的教育颇费心力。

很显然，纳兰与印象中的八旗子弟很是不同。没有懒散骄矜，只有
勤奋俊雅。古今都说，豪门子弟多纨绔，他却恰恰相反，长成了温文尔
雅、才学兼备的模样。

当一个人从小就习惯了用诗歌来表达情感，描述生活，他可能也会
让自己的未来变成一首诗，不论韵脚是什么，总之会是一首诗。纳兰即
是如此。他的人生，一如他的诗，满是凄切之意。

需要指出的是，纳兰的文集中有一首《梅梢雪·元夜月蚀》：

星毯映彻，一痕微褪梅梢雪。

紫姑待话经年别，窃药心灰，慵把菱花揭。

踏歌才起清钲歇。扇纨仍似秋期洁。

天公毕竟风流绝，教看蛾眉，特放些时缺。

　　很多人认为，这首词也是纳兰十岁那年元宵节所写。不过，品其意境，明显比前面两首诗高明许多，已是非常成熟的词作。纳兰虽聪慧，以十岁的年纪，要作出这样的诗词，恐怕也是很难。更何况，明珠对他寄予厚望，想必不允许他在年少之时便沾染被人们视作艳科小道的词。而诗则不同，写诗历来被视为文人立言的正途。其实，康熙二十一年（1682）元宵之夜，京城再次发生月食，这首词当作于那时。

　　现在，纳兰还在明珠府里成长着。

　　他的手中，时常捧着一卷书。春天有花，秋天有月。

　　情怀与气质，都在清朗的日子里渐渐长成。

世事凌乱

一个神童，一个贵族公子，一个绝世的词人。

纳兰正在向我们走来，青春年少，透着几分俊逸。

少年时节的他，可谓处处如意，在一片赞誉声中，犹如被群星簇拥着的月，文采和骑射，他都不逊于他人。少有人发现，他的多愁善感也在随着年岁渐渐丰盈。他在走向属于自己的世界。后来，人们发现，他短暂的人生可以用命途多舛来形容。

那些年，大清王朝并非风平浪静，也发生了不少事。清朝统治者入关统一全国后，为了笼络和网罗知识分子，顺治元年（1644）宣布沿袭明朝惯例，按期开科取士。顺治二年（1645）在北方数省举行乡试，录取了清朝首批举人；顺治三年（1646）在北京举行会试，录取了开国的首批进士；顺治四年（1647）又加行会试，多取江南文士。顺治朝十八年，共开八科，录取进士三千多人。

不过，令顺治帝头痛的是，科举考场案时有发生。闹得最厉害的，是顺治十四年（1657）的丁酉科场案。此案因考官纳贿而起，株连人数之多，对全国震动之巨，在清朝近三百年的历史中，实属罕见。

明朝对科场案一般处理较轻。处理最重的要算嘉靖朝的翟汝孝兄弟关节案，也不过是考官杖责、贬官，应试者废黜。而清初顺治十四年丁酉科场案的处理，皇帝大开杀戒，不但受贿的考官和行贿的考生立即处死，还株连亲属，父母妻子全遭流放，惩处异常严厉，酿成了有科举以来空前的惨剧。

首先案发的是顺天科场案。顺天乡试行贿作弊，在明末久已成风，入清后更为公开。因为主考官李振邺、张我朴等公开接受给事中陆贻吉、博士蔡元禧、进士项绍芳的请托和贿赂，京官三品以上的子弟尽数录取。

发榜后，众人不服，议论纷纷。给事中任克溥奏参，称中式举人陆其贤用银三千两贿赂考官，所以得中。顺治帝闻奏大怒，立即令都察院会审。结果审出同考官李振邺、张我朴等人受贿属实。于是，顺治帝下旨，将李振邺、张我朴、蔡元禧、陆贻吉、项绍芳、田耜、邬作霖等七人立斩，抄没家产，父母、兄弟、妻子流徙尚阳堡。

然而，考场舞弊之事并未因此停歇。

功名二字，与荣华富贵太近，总有人为之冒险。

半年以后，江南乡试又出乱子。这次江南乡试，正考官为翰林院侍讲严州人方猷，副考官为翰林院检讨杭州钱开宗。放榜以后，取中举人一百二十名，虽然得中的多是江南名士，但取中的举人里，不少是贿赂考官而取得的。所以两江的议论哗然，发榜时就有些落第考生拦住考官怒骂。

先是，有人奏参江南主考官方猷弊窦多端，以联宗的缘故，取中少詹事方拱乾之子方章钺为举人；其后，御史上官铉又奏参江南同考官龚勋出考场后被考生羞辱，事情可疑。顺治帝怒不可遏，将主考官方猷、钱开宗和十八名同考官全部革职，令刑部派遣差役将主考、同考以及中式举人方章钺等迅速押解来京，严行审讯。

结果，方猷、钱开宗被正法，妻子、家产籍没入官。同考官十八人，除已死之卢铸鼎外，全部处绞刑。举人方章钺等八人，各责四十板，家产籍没入官，父母、兄弟、妻子流徙宁古塔。审理此案的刑部尚书、侍郎等也因"澜狱疏忽"，分别受到了处分。

顺治十五年（1658）二月，顺治帝在中南海瀛台，又亲试该科江南考中的正副榜举子。考试时考场由护军营的军校持刀监视，戒备森严，如临大敌，不像考场，倒像刑场。皇帝以春雨诗五十韵命题，结果，只有吴珂鸣三试皆优，文列第一，当了解元，准许参加当年殿试。

值得一提的是，在这场科考大案中，吴兆骞交了白卷。吴兆骞，字汉槎，号季子，江南名士。少有才名，与华亭彭师度、宜兴陈维崧有"江左三凤凰"之称。此番皇帝亲试，他只字未写，于是舆论大哗，有人说他惊魂未定，吓得提笔忘字了；有人说他恃才傲物，故意卖弄。其实是吴兆骞看到当时考场如同刑场的景象，感慨万端，把笔一扔，说："焉有吴兆骞而以一举人行贿者乎？"语气和态度甚是清高。

结果，吴兆骞被发配到了宁古塔，二十余年后才被放归。临行时，京中好友顾贞观、徐乾学、吴梅村等人都来为他送行。吴梅村还作了一首长诗《悲歌赠吴季子》送他上路。在宁古塔期间，吴兆骞写了许多悲愤慷慨的诗歌和感人泪下的书信，后来编成了《归来草堂尺牍》和《秋笳集》，流行于士林。

顾贞观，纳兰最好的朋友；徐乾学，纳兰的老师。

那年，吴兆骞被遣宁古塔，纳兰才五岁。

他不知道，未来某天，自己会与那些比他年长许多的江南名士成为好友；他不知道，自己将会以知己之名，费尽心力，将那个江南才子从塞北苦寒之地救回。当然，人们也不知道，这个出生和成长于明珠府的贵族公子，会和那些布衣文人倾心相交，为了解救朋友的朋友而不遗余力。

但这就是他，一个情字贯穿一生的纳兰容若。

为情而生，为情而死。他是真正的性情中人。

顺治十八年（1661）正月，清世祖顺治帝驾崩。同样是性情中人，皇位于他或许还比不上红颜的倾城一笑。于是，董鄂氏离世未久，他也遁出了红尘。

不久，爱新觉罗·玄烨即位，是为清圣祖，以内大臣鳌拜等四人为辅政大臣。二月，罢十三衙门，复设内务府。明珠改任内务府郎中。

康熙皇帝，此时还只是个八岁的孩子。但就是这个少年天子，将成为名震今古的帝王，被称为"千古一帝"，与汉武帝、唐太宗等彪炳千秋的皇帝齐名。

自秦始皇以来，我国历史上有过四百多位皇帝，庸碌无为的不胜枚举，但也有不少皇帝建立了不朽的功勋，以其雄才大略，还大地以安宁，给苍生以安稳。康熙帝就是其中之一。无疑，他是伟大的，无论文治还是武功，都少有人与之匹敌。在位六十一年，大清王朝逐渐走向强盛，到最后可谓河清海晏。

电视剧《康熙王朝》的主题曲甚是豪迈，歌词这样写道："沿着江山起起伏伏温柔的曲线，放马爱的中原爱的北国和江南，面对冰刀雪剑风雨多情的陪伴，珍惜苍天赐给我的金色的华年……看铁蹄铮铮踏遍万里河山，我站在风口浪尖，紧握住日月旋转；愿烟火人间，安得太平美满，我真的还想再活五百年。"

日月旋转，世事浮沉。

许多人千古垂名，许多人永远沉寂。

垂名的固然说得上伟大，沉寂的也未必卑微。

生于尘世，最重要的，是活得月白风清，无怨无悔。

康熙帝开始君临天下的时候，与之年纪相仿的纳兰还在明珠府里苦读诗书。在人们眼中，他是集万千宠爱于一身的贵公子。而令他心动的，却不是豪奢富贵，而是书中字里行间蕴含着的恬淡和清静。自然地，还有窗前的月和天边的云。

夏天，奏销案发生。清入关后，在江南地区实行了比明代更为严厉的催科。经征之官皆以十分为考成，不足额者要被参罚。但江南缙绅豪强依然凭借昔日的权势交通官府，贿买书吏，隐混和拖欠钱粮，致使积逋常达数十万。而在政治上他们也还未完全忘怀朱明王朝。清政府为了裁抑缙绅特权和压服江南地主，便借口抗粮，制造了奏销案。

根据江宁巡抚朱国治的造册上报，清廷将欠粮者，不问是否大僚，亦不分欠数多寡，在籍绅衿按名黜革，秀才、举人、进士，凡钱粮未完者，皆被革去功名出身；现任官概行降两级调用，计黜降万余人。其中不少人被逮捕，械送刑部议处。吴梅村、徐乾学、徐元文、韩炎等江南缙绅著名人物几乎全部被罗织在内。直至三藩叛乱时，为了争取江南地主的支持，清廷才放松禁令，允许在奏销案中被黜降的官绅士子分别纳银开复。以后清廷讳言此事，官书绝不记载。奏销案中，后来纳兰的好友秦松龄被削籍。

七月，哭庙案结。事情的原委是：顺治驾崩，哀诏于二月一日下达吴县，府衙设灵举哀痛哭三日。江苏吴县县令任维初，私取公粮三千余石，又逮捕交不出补仓粮的老百姓。以金圣叹为首的几个秀才，因同情农民的遭遇，写了"揭帖"到哭灵场所控告县官，金圣叹将矛头指向包庇部下的巡抚朱国治。事件的结果是，金圣叹在内的十八人被判死罪。

金圣叹，名采，字若采。明末清初苏州吴县人，著名的文学家、文学批评家。其主要成就在于文学批评，对《水浒传》《西厢记》《左传》等书及杜甫诸家唐诗都有评点。他乩降才女叶小鸾，写下动人篇章，成为江南士人佳话，亦为曹雪芹构思和创作《红楼梦》的素材之一。

康熙二年（1663），曹玺（曹寅父亲）任江宁织造；康熙六年（1667）七月，康熙帝亲政，九月命纂修《世祖章皇帝实录》，以明珠等为副总裁；康熙七年（1668）夏，京师大水，百姓死伤甚众；康熙八年（1669），辅政大臣鳌拜被擒，因其战功赫赫，免死禁锢终身。

这些事，纳兰或许并不知晓，或许略有耳闻。反正，世事凌乱，比他想象中的要复杂许多。平静的表面下，往往藏着暗流，甚至是生死交换。而他最不愿面对的，正是纷扰与争斗。但是很不幸，他被裹挟着，进入了那段历史。

只有走入真正的生活，我们才能知道，何为世事多风雨。

现在，纳兰还是个少年，诗书为伴，白衣胜雪。

只有此时，他的人生是风轻云淡的。

生命的气质

世事如霜，人生如梦。

如此感慨的人，定是有故事的。

年轻时，我们轻狂放纵，谈笑风生，就仿佛这世界始于明媚，终于安稳。多年以后，见过了山重水复，经历了恩怨是非，终于明白，世界和人生，并非总是平坦和安详。事实上，暗夜常有，风雨常有，苦楚常有。

但我们，终是活在梦里。一梦浮生，万里风尘。

仔细想想，不过是从寂静到寂静。

《红楼梦》第五回，曲词的收尾《飞鸟各投林》是这样的："为官的，家业凋零；富贵的，金银散尽；有恩的，死里逃生；无情的，分明报应。欠命的，命已还；欠泪的，泪已尽。冤冤相报实非轻，分离聚合皆前定。欲知命短问前生，老来富贵也真侥幸。看破的，遁入空门；痴迷的，枉送了性命。好一似食尽鸟投林，落了片白茫茫大地真干净！"

功名富贵，爱恨情仇，不过是幻梦。

只是，少有人看清，从这梦里走出，飘然于尘外。

芸芸众生，注定要为所谓的前程而奔走。梦醒时分，已是沉沉暮色，垂老于夕阳下，蓦然回首才发现，所有的追索寻觅，都抵不上溪头的一轮明月。但还是要对着万丈红尘，道一句不怨不悔。毕竟，走过的就是人生，阴晴悲喜都是自己的。

世间之人，各有各的性情，各有各的方向。有的人求取功名，渴望锦衣华服、良田广厦；有的人只要安闲，但能临山近水，便觉欢喜。都是生活，没有对错可言。重要的是，老去之时，是否能欣喜和欣慰于最初的选择。

纳兰明珠是热衷于功名的。为此，他能够隐忍，能够矢志不移地坚持，即使是做个侍卫，也是一丝不苟。纳兰出生后的那些年，明珠可谓官运亨通。可以说，纳兰是父亲的福星。

康熙三年（1664），明珠升为内务府总管，"掌内务政令，供御诸职，靡所不综"，成为管理宫廷事务的最高长官。当年，顺治在入关后建立了十三个为自己和紫禁城服务的衙门，就是内务府的前身。康熙初年，这十三个衙门整合为内务府，官称"总管内务府衙门"。

老北京民谣有词："房新树小画不古，此人必是内务府。"也就是说，北京城里，若是出现一户新房，院里树是新栽，屋内画是新画，那么屋主定是内务府的官。只因，内务府的官职都是肥差。明珠升任内务府总管大臣，足见康熙帝开始倚重于他。对他来说，春风得意的日子已经来临。

康熙五年（1666），明珠任内弘文院学士，开始参与国政；康熙七年（1668），明珠奉命与工部尚书马尔赛调查淮扬水患，查明清口为淮河、黄河交汇处，并商议修复白驹场的旧闸口，凿开黄河北岸河道引流，不久后明珠被任命为刑部尚书；康熙八年（1669），明珠加封都察院左都御史；康熙十年（1671）二月，担任经筵讲官，十一月改任兵部尚书。

这样迅速的升迁，正是明珠梦寐以求的。一人之下，万人之上，是他在政治之旅的理想。作为朝廷股肱之臣，他也的确做出了应有的贡献。在满汉政治、经济、文化交融与变革的历史形势下，无论是协助康熙清除鳌拜、平定三藩，还是出谋划策抗击沙俄、收复台湾、平定噶尔丹、治理黄河，明珠都可谓厥功至伟。

此外明珠还以总纂官之职参与编修《清太祖实录》《清太宗实录》《三朝圣训》《政治典训》《平定三逆方略》《大清会典》《大清一统志》《明史》等重要皇家典籍，其中《大清会典》属清朝康熙以前各项政治制度的集大成之作，是研究清史的宝贵资料。

人最重要的是，处低而不自贱，居高而不自傲。

须知，低有低的宽广，高有高的险峻。

然而，面对高低起落，人往往难以自持。显赫如明珠亦不例外。他从一名普通侍卫，逐渐升为武英殿大学士兼太子太傅，入阁十三年，权倾朝野。却也因为位高权重，忘了权臣倾覆的前车之鉴。后来那些年，结党营私、贪污纳贿、卖官鬻爵的事情多有沾染。

康熙二十六年（1687），直隶巡抚于成龙向康熙帝密奏："官已被明珠和余国柱卖完。"康熙帝问高士奇："为何无人参劾？"高士奇回答："人谁不怕死？"可见彼时明珠之权势和气焰。然而，对康熙帝来说，他仅是一颗棋子。一纸罢免书，就能让他所有的荣耀和威风化为乌有。他被罢黜大学士之职，后来虽随康熙西征噶尔丹，却再未得到重用，于康熙四十七年（1708）凄凉病故。

是非恩怨，盛衰荣辱，皆是过眼烟云。

只是，身在其中的时候，我们往往迷惘。

不知道，后来那些年，回顾自己生平所历之起落浮沉，明珠有过怎样的感慨。可以肯定的是，当他在朝廷炙手可热的时候，他希望自己的儿子也能如他那般，显赫朝野，傲视群臣。无论如何，他不允许儿子人生平淡。对所有醉心名利的人来说，平淡或是寂静，便是虚度了人生。

偏偏，纳兰就是这样的。

生而为人，不图富贵，不慕荣华。

若可以，他只愿，闲散度日，流连于诗酒田园。

父亲为他精心设计好的那条路，纵是鲜花遍地，纵是灯火璀璨，他终是走不来的。多年后，纳兰在好友张见阳山居小住，写了首《菩萨蛮》相赠：

车尘马迹纷如织，羡君筑处真幽僻。柿叶一林红，萧萧四面风。

功名应看镜，明月秋河影。安得此山间，与君高卧闲。

车马喧嚣，功名束缚，都让他厌倦。

他想要的，是竹巷茅庐，是山间林下。

纳兰还写过一首《南乡子·秋莫村居》，全词以轻灵浑朴的笔调描绘出村野田园的风光情趣，读之犹如欣赏一幅优美安详、恬淡静谧的水墨山水画。其中洋溢着他陶然欣喜的情致，这在纳兰词中是少见的。毕竟，印象中的他，总是落寞感伤的。却也由此可知，什么样的生活，是可以让这感伤的才子心生欢喜的。

红叶满寒溪，一路空山万木齐。

试上小楼极目望，高低，一片烟笼十里陂。

吠犬杂鸣鸡，灯火荧荧归路迷。

乍逐横山时近远，东西，家在寒林独掩扉。

——《南乡子·秋莫村居》

或许，明月空山，清泉石上，是他心仪的景致。

于他，柴扉小径，犬吠鸡鸣，都要比身陷繁华来得自在。

人们说，纳兰像《红楼梦》中的贾宝玉。在他离世多年以后，和珅进呈《红楼梦》，乾隆读后即说："此盖为明珠家事作也。"除了家族命运相似，贾宝玉和纳兰的性情志趣也的确很相近。

贾宝玉是贾氏家族寄予重望的继承人，但他的思想性格却促使他背叛了他的家庭。他性格单纯，情趣高致，可谓清淡如水。他憎恶自己出身的家庭，爱慕和亲近那些与他品性相近气味相投的、出身寒素和地位微贱的人物。这实质上就是对自己出身的贵族阶级的否定。纳兰亦是如此，虽出身高贵，却更愿意结交性情落拓、风姿翩然的贫寒文士。

贾宝玉极力抗拒封建主义为他安排的传统的生活道路。对封建士子的最高理想功名利禄、封妻荫子，十分厌恶，全然否定。他只企求过随心所欲、无拘无束的生活。与功名桎梏相比，他更愿意在大观园斗草簪花、浅吟低唱的日子。纳兰的少年生活，不似宝玉那样倚红偎翠，在莺莺燕燕之间周旋，但他也如宝玉，厌恶被安排的生活。

高鹗续写《红楼梦》后四十回，末回写道："抬头忽见船头上微微的雪影里面一个人，光着头，赤着脚，身上披着一领大红猩猩毡的斗篷，向贾政倒身下拜。"不管安排宝玉以遁入空门为结局是否妥当，反正我们知道，在喧闹的繁华里，他过得不快乐。兴许，一领斗篷，一双赤脚，以身躯丈量大地，倒是更踏实。

宝玉的悲苦，也便是纳兰的悲苦。

纳兰即便没有早逝，大概也不会出家。但他，定然想远离尘嚣是非。

生命各有气质。多数人渴望如大江浩荡。

却也有人，只愿做山涧清流。

幽雅而清澈。

卷二

人生若如初见

一生一代一双人，争教两处销魂。相思相望不相亲，天为谁春。

浆向蓝桥易乞，药成碧海难奔。若容相访饮牛津，相对忘贫。

——《画堂春》

或许，假如纳兰不是生于富贵人家，只是个平凡男子，便可与那心爱的女子倾心地相爱，守着一间茅屋，清茶淡饭也好，布衣荆钗也好，总是踏实和温暖的。但倘若事事如假设般如意，生活也就不是生活了。

青梅竹马往事

世间最美的事物莫过于情感。

而情感，又偏偏难以捉摸，亦难以预料。

就像，花与露，云和月，仿佛永远相拥，却又总是分离。

情这东西，让人生死相许，也让人肝肠寸断。是花，美得让人窒息；是药，苦得让人心疼。而有时候，情如毒，越是情深，中毒越深。不管怎样，深情的人愿意让自己陷在这个字眼里，宁愿心痛，也要在痛楚无比的心内，生出一朵莲花，祭奠曾经。

倘若少了这个"情"字，倘若少了与情有关的那些事，这世界几乎是荒芜和无味的。有了情感，有了爱恨纠葛，有了聚散离合，世界才是有温度、有情味的世界。自然，情之一字，有甘甜就有苦涩，有欢喜便有哀愁。尽管如此，情动的时候，人们还是愿意决然投身而入，就像飞蛾扑火。

无疑，纳兰是个深情之人。对朋友，对所爱之人，他都会倾情付出。因他始终纯真，所以对待情感亦是清澈如水，不含半分尘垢。只是，在他的故事里，从未有过圆满。世间少有圆满之事，感情的事更是如此。

往往是，一片情深义重，只换得花谢水流。

情深缘浅，缘深情浅，都难以走得长久。

至于执手白头，更是可遇不可求。

曹雪芹在《红楼梦》里塑造了天造地设的一双人，一个阆苑仙葩，一个美玉无瑕，若是缘分有双温暖的手，他们或许可以红尘携手，从少年到白头。但他们，终究敌不过命运拨弄。

纳兰像极了贾宝玉，俊逸的外表，尊贵的出身，清雅的志趣，淡泊的性情，都像。曹雪芹的祖父曹寅也曾是康熙帝的侍卫，与纳兰是故友。关于纳兰，曹寅曾在诗中写道：忆昔宿卫明光宫，楞伽山人貌姣好。楞伽山人正是纳兰的号。兴许多年以后，曹雪芹也为纳兰的《饮水词》所倾倒，所以他笔下的贾宝玉，便有了纳兰的影子。

贾宝玉和林黛玉的爱情令人叹息。与之相似，纳兰也有过一段初恋。不过，那段往事如烟如雾，若有似无，历来众说纷纭。似乎，轻描淡写，一笔带过，但对深情的纳兰来说，已足够刻骨铭心。

情之于他，就像是花种落地，刹那便能生根发芽开花。

当然，凋谢的悲伤，也只有自己承受。

现在的纳兰，十几岁的年纪，风流俊雅，白衣翩翩。《红楼梦》里关于贾宝玉的外貌如此描述道："面若中秋之月，色如春晓之花，鬓若刀裁，眉如墨画，面如桃瓣，目若秋波。虽怒时而若笑，即瞋视而有情。"现实中的人物，比不得小说主角这般神姿仙态，但可以肯定，纳兰定是俊逸和翩然的。

读书和骑射仍是生活中最重要的两件事。明珠是有名的藏书家，藏书可谓汗牛充栋，纳兰因此可以肆意地遨游于书海，从最初的启蒙读物，到后来的经史子集，都让他流连忘返。就这么读着读着，他的心里有了诗酒情怀，有了山河岁月。只是，那种叫功名的东西总难以入心。

读书之余，纳兰的日子倒是悠闲。父亲在京城西北郊建有别墅，那里花木葱郁，山石叠翠，纳兰有时候会前往赏花会友，或者泛舟湖上。他还曾作诗《郊园即事》：

> 胜侣招频嫩，幽寻度石梁。
>
> 地应邻射圃，花不碍毬场。
>
> 解带晴丝弱，披襟露叶凉。
>
> 此处萧散绝，随意倒壶觞。

俊秀公子，懵懂少年，这就是此时的纳兰。

这样的少年，就像一幕无瑕的景，无论在哪里经过，都会令人心动。

想必，泛舟湖上的时候，纳兰会在不经意间幻想，该有个秀雅端丽的女子，相对舟上，流放时光。或者，沉浸于诗书的时候，他也会蓦然间想起，司马相如一曲《凤求凰》挑动卓文君芳心的故事，然后想象，属于自己的文君在何处。

其实，那样的女子就在不远处，是他的表妹。尽管对这个女子，正史并未记载，甚至有人怀疑，她只是人们臆想出来的人物。但我们愿意相信，少年纳兰有过一段清如水淡如月的初恋。只不过，那样的故事太青涩。他不是司马相如，无力带表妹跳出樊笼；表妹也不是卓文君，不能随他当垆卖酒。

他们的故事，来去悄然，近乎云烟。

但是，对于纳兰，这故事已值得终生回味。

> 彩云易向秋空散，燕子怜长叹。
>
> 几翻离合总无因，赢得一回僝僽一回亲。
>
> 归鸿旧约霜前至，可寄香笺字？
>
> 不如前事不思量，且枕红蕤软侧看斜阳。
>
> ——《虞美人》

后来的纳兰，时常默然独立。

忆起少年往事，斜阳如旧，黯然伤神。终究，聚散无据。

而故事的开头，像一场春雨，细密而柔软。

纳兰的表妹，是个玲珑剔透、巧笑嫣然的女子。因为家道中落，从小寄住在明珠府。熟悉贾宝玉和林黛玉的爱情悲剧，我们甚至不愿意纳兰和表妹之间有感情的瓜葛。却又忍不住想，一个俊逸少年，一个秀雅少女，就该有故事发生。否则，相逢便似乎失了意义。

在纳兰七岁的时候，表妹就住进了明珠府。那时候，她脸上带着羞涩，偷偷地打量这个从未见过的表哥，就像一朵洁白的梨花，清新自然，玉洁冰清。初见表妹，纳兰甚是欢喜，偌大的明珠府里，少有这样清透的女孩。他喜欢她一颦一笑间的淡雅。

那时候，他们都不知情为何物。

自然也不知道，越是美丽的相逢，离别时越是伤神。

情爱世界的无奈和苦涩，他们都全然不知。

青梅竹马，两小无猜。孩子的世界，因为少了纠葛，少了真假是非，格外纯净。纳兰对表妹总是体贴入微，他喜欢有她伴着，也喜欢和她说笑。而她，也喜欢在他身边，哪怕只是静静地待着，看他读书，看他沉思。在那个大宅院里，纳兰是唯一能给她温暖的人。一颗稚嫩的心，悄然间为这个表哥留出了空间。她不知道，那是与爱有关的。

她想着，若能永远在表哥身边，该多好。

无须太多，只要能陪着他，春去秋来，就好。

但是，随着年岁增长，她渐渐明白，这只是个美丽的梦。她只是一片飘零的叶，那座宅院对她来说，并非久居之地。她知道，她只是个过客。甚至，对于表哥，她亦是过客。但这聪慧的女子，心伤之时还不忘抹去泪水。她不愿让纳兰看到她伤心的样子，更不愿他为她而难过。

终于，他们不再是最初的懵懂少年。

不知从何时开始，见面的时候，心中有了萌动的感觉。

书里说，那样的感觉，叫作情窦初开。

> 一半残阳下小楼，朱帘斜控软金钩。倚栏无绪不能愁。
>
> 有个盈盈骑马过，薄妆浅黛亦风流。见人羞涩却回头。
>
> ——《浣溪沙》

许是某个黄昏，偶然的遇见。

眼中的表妹，略施粉黛，出落成了娉婷女子。

他看得入了神。而她满脸羞怯，是青春少女的模样。无疑，在这样美丽的年华里，他们彼此心动了，这不同于孩提时的彼此照护。此时的他们，说得上郎才女貌，相携出现的时候，身边尽是艳羡目光。他是那样俊逸优雅，她是那样轻灵娇俏，若不是门第之见，若不是造化弄人，他们必定是天作之合。

　　但他们，再心心相印，也终是没有结果。许是明珠和夫人看出了他们暗生情愫，于是有所警示。反正，他们见面的机会少了，更不能像从前那样携手陌上了。他们只能偶尔见面，倾听彼此的心事，却也不敢将那深藏的情愫讲出来。当然，心有灵犀的两个人，无须多言，也知晓彼此心事。

　　纳兰清楚地记得，那日，他和表妹去泛舟，舟中只有他们两人。表妹为他轻轻拭去额头的汗，四目相对时，心跳不已。他还记得，那日他轻轻握住了表妹纤巧的手，表妹没有挣脱，就那样将温润的手留在了他的手中。

　　夕阳下，丽影成双。那画面，纳兰永远都记得。

　　但他知道，曾经的流年光景，再美丽也是永远回不去的。

　　人生若如初见，只是一声叹息。

人在谁边

佛说，与有情人做快乐事，别问是劫是缘。

爱情这东西，因其美丽而动人，因其迷离而伤人。

说凋谢便凋谢。我们能做的只是，缘来惜缘，缘去随缘。

只是，对天生深情的人来说，情根深种，花就会开得漫无边际。这花，大概就是金庸《神雕侠侣》里所写的情花："情之为物，本是如此，入口甘甜，回味苦涩，而且遍身是刺，你就算小心万分，也不免为其所伤。多半因为这花儿有这几般特色，人们才给它取上这个名儿。"

待到花落，独立残阳，便是无边的悲伤。

情长之人，往往陷得太深，不会说放下就放下。

纳兰就是如此。明知世事强求不得，却做不到淡然以待。

风鬟雨鬓，偏是来无准。倦倚玉阑看月晕，容易语低香近。

软风吹过窗纱，心期便隔天涯。从此伤春伤别，黄昏只对梨花。

——《清平乐》

他是个性灵剔透之人，却终身受困，受困于命运，受困于爱情。

他注定要在伤春伤别的情绪中，穿越寂寞红尘。

命运二字，说来玄异空幻，却又实实在在地锁着许多事。阴晴圆缺，悲欢离合，似乎都在其中。纳兰和表妹这场青梅竹马的往事，还未真正开始就已悄然零落了。许是缘分如此，他们只能拥有那样一段轻渺渺、若有若无的感情。一切都像是早已写就的剧情，顺理成章地发生着。年轻的他们无力抗拒，只能悲伤着祭奠过往。

犹记得，她伴他读书，偶尔笑谈书中故事；她伴他泛舟，双影在湖水中悠然。她是美丽的，亦是聪颖的，弹得了琴，吟得了诗。可惜的是，她不曾有诗留世。或许，是世俗的门槛，将她的诗作挡在了时光深处，我们无缘得见。

对表妹的感情，纳兰曾在父母面前不经意间表露过。但是，无论是明珠还是其夫人，都不允许儿子娶一个自幼父母双亡、漂萍般的女子。对他们来说，门庭高低、身份尊卑，远比两情相悦更重要。纳兰努力过，但事关家族颜面和前途命运，明珠严词拒绝了他的请求。纳兰开始明白，人生中有许多事是无能为力的。

不知从哪天开始，表妹的琴声消失了。纳兰不能随意进入表妹的闺房与她叙谈了，不能静坐在侧看表妹刺绣了，也不能带表妹流连于市井郊野了。是的，他们被世俗无情地隔断了。再后来，纳兰听闻，表妹已然离开。

她去的，是皇宫。是那个埋葬了万千女子年华的地方。

诗里说：白头宫女在，闲坐说玄宗。哪里有什么闲情，不过是寂寞。

　　纳兰的表妹，那个十五岁的少女，被送进皇宫，去参加选秀了。命途如此，她无处躲避。对当时的许多女子来说，参加选秀是接受天子恩宠的机遇，一旦被选中，继而承宠宫闱，整个家族皆与有荣焉。当然，后宫并非月朗风清之处。皇帝的宠幸少有长久，往往不过是朝暮间的你侬我侬，雷霆雨露只在一念之间。而后宫佳丽的彼此倾轧和算计，更是无声无息，波诡云谲，一个不慎便可能殒命于别人的谈笑之中。

　　清朝之初，秀女和宫女并无严格界限。顺治十八年（1661）后，秀女和宫女才因其出身有了贵贱之别。宫女是内务府包衣佐领以下家庭的女子，地位低，只供内廷役使，洒扫栉沐，洗衣叠被；秀女则是八旗官员家的女儿，可选做皇帝妃嫔，或者被指婚给宗室王公大臣子弟。

　　不管怎样，入了宫门，便是将从前彻底锁上了。

　　倘若心有所属，此后的人生便是一场消黯，永日无言。

　　　　公子王孙逐后尘，绿珠垂泪滴罗巾。

　　　　侯门一入深如海，从此萧郎是路人。

　　这是唐代崔郊的《赠婢》，写的是自己所爱之人被劫夺的悲哀，反映了封建社会门第悬殊造成的爱情悲剧。绿珠原是西晋富豪石崇的宠妾，传说她"美而艳，善吹笛"。赵王伦专权时，他手下的孙秀倚仗权势向石崇指名索取绿珠，遭到石崇拒绝。石崇因此被收下狱，绿珠也坠楼身死。

　　旧时的许多女子只如草木，所有辗转都是零落。

　　可叹，纳兰的表妹也是如此。飘零人海，落脚尽是荒途。

　　不久之后，那个给过他温暖的少年，已在宫墙之外了。

官门深似海，萧郎是路人。他们的感叹，别无二致。

现在，那女子已经在深宫了，也许此生再也见不到纳兰，她知道，以纳兰的深情，这样无言的结局必定会让他悲伤很久。但很无奈，缘分如此，他们逃不掉这样的分离，逃不掉那条冰冷的命运之绳。

我们身处的，是个薄情的世界。

花再绮丽，月再圆满，也只是残缺的美丽。

刹那风起，缘已空，人已散。许多故事，都是以凄凉结尾。

纳兰与表妹，有过许多明媚的从前。依稀可见，黄昏相约，月色如练；依稀可见，书房对坐，相对无言。那是沉默着的美好。而现在，一道宫墙隔开了他们。当然，那不只是一道墙，而且是整个王权社会里的不公平。很不幸，这样的不公平，与他们的青春的爱恋不期而遇。于是，所有的美好，刹那间变作了哀愁。

许多个日子，风过月出，纳兰都沉默不语。

他知道，宫城内的那个女子，定是蹙着眉，了无趣味。

纳兰不敢回忆，却又忍不住回忆。回忆太饱满，现实太清瘦。

当代作家苏雪林经过考证，认为："纳兰容若少时有一谢姓中表，或姨姊妹关系的恋人，性情相合，且密有婚姻之约。后来此女被选入宫，容若别婚卢氏，感念前情，不能自释。常与她秘密通信，并互相馈赠食物，此女在宫，不久郁郁而死，容若悲悼终身，《饮水词》中所有凄婉哀感之词，均为彼妹而作。"

表妹身在宫内，纳兰与之通信或者相互馈赠，恐怕不切实际。可以肯定的是，后来那些年，他为那段恋情填词是必然的事。他是个深情的人，因为深情，所以念旧。即使相隔两处难得重聚，表妹也永远是他心中的一幕景。少年往事，深藏心底，他的许多悲伤也就因此而生。

彤云久绝飞琼字，人在谁边？人在谁边？今夜玉清眠不眠？

香消被冷残灯灭，静数秋天。静数秋天，又误心期到下弦。

——《采桑子》

晏殊词云：无情不似多情苦，一寸还成千万缕。

多情之人必然多伤。只因世事冰冷，只因尘缘萧瑟。

现在的纳兰，以后的纳兰，都必然受尽思念的苦。花开陌上，月落窗前，总有那清丽女子的身影闪过眼前，音容宛然。温庭筠《杨柳枝词》中有两句：玲珑骰子安红豆，入骨相思知不知。相思的滋味，若是懂得，惆怅也便开始了。

写这首词的时候，是秋天，默读伤悲的季节。他在回忆里漫溯，想着想着，当幻想终于冷却，回到现实，仍被囚困于秋天的萧瑟里，忍不住反复叹道：人在谁边！他在思念的荒原。一分念想如长线，牵着他东奔西走，却总也逃不出一个季节的沉默。

夜久难眠，冰凉的枕席，冰凉的楼台。想必，她也在思念，也在秋天的台阶上或者窗口边伫立，点点伤痕，在心底痛楚着。他知道，他所思便是她所思，他所悲便是她所悲。终于，香已燃尽，灯也寂灭，一床薄被，挡不住秋天的凉。

思念纷飞，没个着落。

此夜的悲凉，就在那一弯下弦月的眸子里。

离合聚散，如云如雾，是没有答案的。所有的相遇，都与离别有关；所有的欢喜，都与悲伤有关。不经意间，花谢了，云走了，故事落幕了。正所谓，缘起即灭，缘生已空。其实，我们只是在故事里莫名地路过。

即使如此，深情的人们总是深情。

青梅枯萎，竹马老去。从此，我爱的人都像你。

兴许，这就是答案。

相逢不语

有缘无分，有时候比没有缘分更让人伤神。

倘若无缘相逢，便也没有离别，也便没有别后的伤情。

但是反过来，正是因为聚散难测，我们才更应当珍惜相逢的日子。这世界，本就是起落有致、冷暖交替的。聚散悲欢，春秋冬夏，不断变换往复，世界才因此缤纷，生活才因此丰盛。试想，若是永远晴好，没有风雨如晦，没有别恨流离，人生又有多少滋味。

只不过，我们明知人生多变数，但是当变数来临，还是难免不知所措。至于离别，对用情太深的人来说，就像是突然间的零落荒野。表妹入宫以后，纳兰就是如此。还未到体会人间冷暖的年岁，却已感受到了离别的苦涩。当然，也可以说，他从未长大，始终像个天真的孩子，在苍茫的世间，一路漂泊。

窗棂上的月，还是熟悉的模样。

但是，曾经伴他浅笑轻谈的那个身影，却不见了。

相思相见知何日，此时此夜难为情。是他的叹息声。

　　或许，假如纳兰不是生于富贵人家，只是个平凡男子，便可与那心爱的女子倾心地相爱，守着一间茅屋，清茶淡饭也好，布衣荆钗也好，总是踏实和温暖的。但倘若事事如假设般如意，生活也就不是生活了。

　　生活二字的奇趣，就在于未知。无论是谁，都要在未知的路上，于停停走走之间，寻找平衡。旷达的人，可以笑看风云变幻，如苏东坡那般，淡然地说此心安处是吾乡；感伤的人，则容易在起落悲喜中难以释怀，于是愁苦萧瑟，于是暗自伤神。

　　纳兰深知，表妹素淡如菊，不会贪恋荣华，也不喜锦衣玉食。对她来说，暗流涌动、人性挣扎的后官，只如泥淖深渊。却也没办法，她没得选择。而他，无力拯救。

> 枕函香，花径漏。依约相逢，絮语黄昏后。
>
> 时节薄寒人病酒，剗地梨花，彻夜东风瘦。
>
> 掩银屏，垂翠袖。何处吹箫，脉脉情微逗。
>
> 肠断月明红豆蔻，月似当时，人似当时否？
>
> ——《苏幕遮》

　　曾经，花径寂静，人约黄昏。

　　后来人各两处，黄昏月下，只有独自消瘦的身影。

　　相思成痴，最是令人憔悴。想象着，她在那头，独倚屏风，衣袖低垂，亦是说不尽的愁苦。夜色沉凉，月光照在院中的红豆蔻上，那红豆蔻无忧无虑开得正盛，忍不住忆起了月下沉吟的画面。可是，月色如旧，人已离分。与晏几道"当时明月在，曾照彩云归"相比，纳兰"月似当时，人似当时否？"更显情深意浓。凄凉之意，历历可见。

最动人的文字，莫过于情在其中。正因如此，纳兰的词虽被不少人评论说才力不足，却因为深情款款，被无数人推崇和喜爱。他自己也该庆幸，因为有文字，他寂寞的心事、难言的悲伤，才有地方存放。

许多日子，纳兰都是在伤感中度过的。

只是，心事如蝉，无处可寄，亦无人得知。

只能将思念和悲伤留在纸上。不为别的，只有纪念。

曾经，在他的书房里，表妹曾笑问："若是没有文字，你该如何活？"纳兰半开玩笑地说："至少还有表妹陪我。"两人相视而笑，是少年人的清朗。而现在，他们隔了一道墙，就像是隔了千山万水。墙里墙外，两颗心都在痛楚，无人知晓。

> 春浅，红怨，掩双环。微雨花间昼闲。
>
> 无言暗将红泪弹。闱珊，香销轻梦还。
>
> 斜倚画屏思往事，皆不是，空作相思字。
>
> 记当时，垂柳丝，花枝，满庭蝴蝶儿。
>
> ——《河传》

暮春时节，门扉紧闭，细雨霏霏，落花满径。

斜倚画屏，思忆悠悠往事。那时候，枝上花开，蝴蝶翻飞。

不知不觉，已是满腹心伤。

此情此景，像极了唐寅《一剪梅》所写：

> 雨打梨花深闭门，忘了青春，误了青春。
>
> 赏心乐事共谁论？花下销魂，月下销魂。

愁聚眉峰尽日颦，千点啼痕，万点啼痕。

晓看天色暮看云，行也思君，坐也思君。

原来，悲伤这件事，古今相似。

门掩黄昏，掩不住往事飘零。越是回忆，越是凄凉。

一样的相思，两处哀愁。纳兰与表妹，虽然隔了一道宫墙，隔了煊赫无比的皇帝，但相思从未停歇。纳兰希望表妹安然无恙，表妹在宫里头也只愿纳兰心安。她知道他天性感伤，她见过他悲伤的样子，让她心疼。

尽管心知彼此缘分已尽，但纳兰还是在想，如何才能靠近表妹，哪怕只是看一眼，也好。她走得匆忙，连句道别的话都不曾有。终于，纳兰想到了办法，虽然很冒险。

但是，他宁愿冒险，也要让绵长的思念有个落脚的地方。

清光绪年间，有一本《赁庑笔记》，其中记录："纳兰容若眷一女，绝色也，有婚姻之约。旋此女入宫，顿成陌路。容若愁思郁结，誓必一见，了此夙因。会遭国丧，喇嘛每日应入宫唪经，容若贿通喇嘛，披袈裟居然入宫，果得彼姝一见。而宫禁森严，竟不能通一语，怅然而出。"

那年，适逢国丧，皇宫里大办道场，许多喇嘛日日入宫诵经。纳兰于是决定，趁此机会混入宫中。这个决定很草率，近乎荒唐，但他义无反顾。对他来说，只有如此，才算是对那段若有似无却又沉甸甸的往事有个坦率的交代。

某天，纳兰买通了一个喇嘛，换上了一身僧装，混进了入宫操办法事的队伍。他的心有些惶惶然，毕竟那是皇宫大内，稍不留神就会招来杀身之祸。可是，他已经进去了。而在此之前，他的心早已在宫内周旋了无数次。

但是，偌大的皇宫，他虽然身在其中，却不知那个熟悉的身影在何处。很显然，皇宫大内，又兼之行动受限，想要见到某个宫女或是妃嫔，机会可谓渺茫。纳兰不能言语，也不能打听，只能跟着人群，茫然地前行，暗自祈祷。

在皇宫内，同一个级别的女子都穿相同的服饰，梳着相同的发髻，穿着相同花纹的绣鞋。她们就像被加工过的物品，整齐地摆在皇宫之内，等待皇帝来遴选。从她们进入皇宫的那一刻开始，她们就不再是自己，不再拥有独立的灵魂。人们看到的是，后宫佳丽在皇帝身边承受恩宠的光彩。而实际上，后宫如泥沼，甚至白骨如山，是个冰冷而又血腥的地方。进去的女子就算能勉力支撑着身体不沉落，却也不能抽身而出。

纳兰为表妹而哀伤，不仅为了他们青梅竹马的结束。

也为了一个青春的生命，无可选择地零落。

蓦然间，纳兰看见远处一个身影，隔着几道回廊，却看得无比真切。尽管她身着宫中服饰，但那身姿与神情，虽然隔了很远，纳兰刹那便已认出。那女子似乎也发现了他的目光。她回头也望向他，却也只能如此，彼此相望，默默无语。她落泪了，纳兰看得分明。或许，这泪水就是她最后的告别，温热也冰凉。

他们就那样，立在各自的地方，沉默许久。

不远，也不近。咫尺天涯。就像隔了整个世界。

此后，他们在各自的路上，仅有的交集就是思念。

终于，表妹走了。走得缓慢，很不舍得。转过回廊的时候，似乎故意地叩了叩鬟上的玉钗。她的动作依然那样轻柔静婉，可也就是那一瞬间后，她消失在宫廷深处。此番见面很短暂，也很揪心。但至少，他们见到了彼此。一眼，万年。

> 相逢不语，一朵芙蓉着秋雨。小晕红潮，斜溜鬟心只凤翘。
>
> 待将低唤，直为凝情恐人见。欲诉幽怀，转过回阑叩玉钗。

这首《减字木兰花》作于不久之后。

画面历历，幽情无限。一切尽在不言中。

欲诉幽怀，转过回阑叩玉钗。太多话想说，终于没有机会。她缓步而走，走得留恋，那是一种欲说未说、欲走还留的状态，柔肠百转。此情此景，与李清照《点绛唇》里的"和羞走，倚门回首，却把青梅嗅"十分相似。

不同的是，李清照写此句，是故事的开始。

而纳兰写此句，则是为那场烟月往事，做了个结。

故事里，落花满地，无人收拾。

一生一代一双人

春未绿，鬓先丝，人间别久不成悲。

谁教岁岁红莲夜，两处沉吟各自知。

此为白石道人姜夔的相思之词。当年，姜夔数度游合肥，与一女子相爱。没想到，当时的欢情，成了他一生颇堪回忆的往事。伊人远去，后会无期。回首往事，感慨万千。梦中相见，又被山鸟惊醒。愁思绵绵，茫无尽期。

思念之苦，古来相似。

多年以后，纳兰亦是受尽了相思的煎熬。

旧梦重温，其实不过是旧伤又发。

有部电影叫《后来的我们》，其中有这样的对白："后来的我们什么都有了，却没有了我们。"导演刘若英说："我想拍一个给所有人看的电影，片中的主角就是他们自己，希望大家可以在他们身上找到自己的影子。"电影情节感人，但让人哭的不是电影情节，而是我们自己的过去，以及那个充满遗憾的"后来"。

生活远比电影精彩，遗憾也比电影里更多。

于是，听着某些歌曲，我们不知不觉便落泪了。

正所谓：初闻不知曲中意，再听已是曲中人。

每个人都是电影的主角，在属于自己的故事里演绎悲欢离合。毫无疑问，纳兰容若演绎的，是一部悲剧，匆忙的人生，有生离，也有死别。这样的情节变换，寻常人都会为之凄迷。至情至性的纳兰，有过怎样的伤痛，可想而知。隔了三百年，世事了无痕迹。但我们可以从他的词里，读他跨越三百年的悲伤。

　　而今才道当时错，心绪凄迷。红泪偷垂，满眼春风百事非。

　　情知此后来无计，强说欢期。一别如斯，落尽梨花月又西。

——《采桑子》

他总是在风里伫立着，遥望从前。

许多事疏疏落落，却透着无尽的悲凉。

任随心事漂流，就连春风，也解不开心底的伤。

那样的春天，他的心绪大概如陆游《钗头凤》所写："东风恶，欢情薄。一怀愁绪，几年离索。错、错、错。"相逢无错，只是情缘不足而已。尽管他们心灵相依，羡杀旁人。但他们，注定红尘离散，两处天涯。所有的约定，都落了空。只有别后的伤情，最是清晰和沉重。

一场爱恋，一场分离，一场消黯。

一别音容两渺茫，虽然他们都住在对方心里。

缘分如斯，爱恋如斯，离别如斯，让人心扉痛彻。好吧，又是个春天，就当那纷纷扬扬的梨花，是为他的回忆做注解。待它们落尽，他的回忆是否也会零落成泥，无人知晓。深夜，月亮偏移到了西天，他还在默默地回忆着。

> 拨灯书尽红笺也，依旧无聊。玉漏迢迢，梦里寒花隔玉箫。
>
> 几竿修竹三更雨，叶叶萧萧。分付秋潮，莫误双鱼到谢桥。
>
> ——《采桑子》

一抹秋天的凉，几点相思的雨。

彷徨无计的纳兰，给远方写信，却是锦书难寄。

深夜的灯光下，一个寂寞的身影。他在红笺上一句句地写满思念，不知从何时开始，他总是在写信，却又总是无处寄送。饱满的思情落在纸上，只有自己来品读。玉漏滴滴答答，敲着孤寂的心魂，有一条路，漫长无际，通向远方，远方的她或许也正在听着玉漏之声，望着远方。没错，他们是各自的远方。

梦里寒花隔玉箫。"寒花"是指寒冷时节开的花，一般指菊花。"玉箫"为人名，为唐代姜使君侍女，韦皋的情人，两人一别七年，玉箫不见韦皋回来相会，就绝食而死。典出唐范摅《云溪友议》卷三，此句意谓与所爱的女子音信隔绝，只能在梦中相逢。

夜已三更，人却无眠。有过那样凄惨的梦，倒不如索性就醒着，倾听窗外的风雨。雨打修竹，竹叶萧瑟，此夜的思念更添凄楚。小字红笺无处可寄，只好交付给秋风秋雨。告诉风雨，那人在遥远的地方，红药桥边。

画面冷寂，人就在这画面里百无聊赖。

玉漏声声，梦也惨淡，雨也萧条。长夜无涯。

往事不堪回首。纳兰只能用文字来填补心中的空白，慰藉愁闷。只是一低头，发现拾起的文字皆有泪痕，似被秋风吹过。但他喜欢这样的文字，只因他的心和他的情，皆是那样。因为往事萦怀，把酒填词，临风对月，都没有多少趣味。

一生一代一双人，争教两处销魂。相思相望不相亲，天为谁春？

浆向蓝桥易乞，药成碧海难奔。若容相访饮牛津，相对忘贫。

——《画堂春》

相爱的两个人，最怕的就是情深缘浅。纳兰与表妹，若能如他们曾经梦想的那样，终生相守，不离不弃，多么令人欣羡和感动。可是他们不能，他们的力量不足以摆脱宿命的安排，他们只能短暂携手，然后留一段凄美的故事让后来人品味。品味之际，但凡有过离别的人，都会兴起一段感伤。

一生一代一双人，争教两处销魂。如今我们读到"一生一代一双人"，想到的往往是纳兰容若。但其实，这句诗最早出自"初唐四杰"之一的骆宾王的长诗《代女道士王灵妃赠道士李荣》。当年，骆宾王在长安时，道士李荣与女道士王灵妃相爱，"台前镜影伴仙娥，楼上箫声随凤史""灵芝紫检参差长，仙桂丹花重叠开""双重绰约日游陟，三鸟联翩报消息"。

后来，李荣忤帝意被贬云游，王灵妃便托骆宾王写了这首诗寄给李荣。诗里写道："相怜相念倍相亲，一生一代一双人。不把丹心比玄石，唯将浊水况清尘。"两个道士的爱情结果如何，无人知晓。我们只知道，纳兰还在离别后的岁月里叹息着。

相逢日，牵手斜阳里；离别后，独自天涯路。

一生，一代，一双人，爱着的人，对方就是全世界。

仿佛，真有天长地久。仿佛，真可以携手人间，遗忘春秋冬夏。

然而，世事如梦。梦醒后总要面对冰冷的人世、冰冷的宿命。曾经的欢喜，换得两处销魂。一别之后，他在天涯，她在地角，各自走在两条平行线上，只有回忆偶尔相交。

"浆向蓝桥易乞，药成碧海难奔"。前句用的是唐人裴铏《传奇》里的典故，裴航乘船至蓝桥时，口渴求水，得遇云英，一见倾心，遂向其母提亲，其母要求以玉杵臼为聘礼，方可嫁女。后来裴航终于寻得玉杵臼，于是成婚，捣药百日，双双仙去。"药成碧海"则是指嫦娥偷灵药奔月的故事，化用李商隐"嫦娥应悔偷灵药，碧海青天夜夜心"的诗句。

蓝桥之遇，纳兰有过。那是细雨斜风的美好。

但是，那场往事终究是散场了。

他寻不得玉杵臼，让那故事延续。他也到不了深宫之内，将那女子从樊笼里救出。纵然有不死灵药，也是无济于事。在他心中，她正像月宫之中孤零零的嫦娥仙女，冷冷清清，与他天人永隔，寂寥半生。

一次相逢很短，两段悲伤很长。

这就是每一个情深缘浅的故事呈现的内容。

结句"若容相访饮牛津，相对忘贫"用晋张华《博物志》中典故。传说大海的尽头就是天河，那里曾有人每年八月乘浮槎往返于天河与人间，从不失期，便有人因好奇而探险。漂流数日后，那人见到了城镇房屋，还有许多男耕女织的人。他向一个男子打听这是什么地方，男子告诉他去蜀郡问神算严君平便可知晓。严君平告诉他，那里就是牛郎织女相会的地方。

纳兰用这个典故，是想说自己与表妹虽然无缘，但仍旧渴望重逢。结句采用了中国诗词用典时暗示的力量，纳兰有意让词意由"饮牛津"过渡到"牛衣对泣"的典故。牛衣对泣，典出《汉书·王章传》。汉代王章为诸生学于长安，生病无被，躺在牛衣中，向妻子涕泣诀别。后来用"牛衣对泣"形容夫妻共守清贫。

纳兰是明珠之子，当然没有贫困之虞。如此用典，无非是说，倘若能续写前缘，如牛郎织女，纵是做一对贫贱夫妻，他也愿意。可惜，生活不愿意，命运不愿意。

竹巷茅庐，男耕女织。他乐意，想必她也乐意。

然而，就连这样简单的念想，都是奢望。

此生无望，只能对着月亮，许个来生。

可谁知道，来生又在何处。

词里人生

遇见的都是风景，走过的都是回忆。

爱情亦是如此，去了便是去了。而人生，还在继续。

路很长，处处皆有风景。不过，有些风景，一旦入心，便永难忘怀。

表妹已在皇宫之内，一墙之隔，万水千山。再伤怀，也终是徒劳。尘缘如此，谁也无法。纳兰还有自己的人生要跋涉，一路彷徨，一路凄迷。很显然，他是带着回忆前行的。

纳兰早慧，明珠对他寄予厚望，因此在教育上没有丝毫松懈。最初，明珠替儿子延请了业师丁腹松。丁腹松字木公，博学能文，性情迂古，极重气节，三十岁举孝廉，屡试春闱不第。他对纳兰督课甚严，明珠对他礼敬有加。后来，他再次参加科考，因为明珠为他多方打点终于得中。获悉真相后，丁腹松感觉一生清誉受损，立即辞馆而去，从此归隐。

康熙六年（1667），纳兰得董讷教授课业。董讷字兹重，号默庵，山东平原人。自幼聪慧过人，读书过目不忘。康熙六年一甲三名进士（探花及第），授编修。累擢至江南总督。为政持大体，有惠于民。左迁去，江南民为立生祠。

康熙二十八年（1689），康熙帝南巡时，见百姓执香跪董讷生祠前，请求皇帝为董讷恢复两江总督职务。康熙还京笑问董讷："汝官江南惠及民，民为汝建小庙。"旋以侍读学士复出，升至漕运总督。董讷在漕运总督大堂上悬挂一副楹联："看阶前草绿苔青，无非生意；听墙外鸦啼雀噪，恐有冤情。"时时提醒自己。

董讷一生著有《两江疏草》二十卷、《督漕疏草》二十二卷。死后，康熙皇帝下诏赐祭葬，追加正一品，御赐"眷念旧劳"四字。

在董讷的悉心教导下，纳兰也不负所望，学业日日精进，老师很是欣慰。只不过，经历了那段感情波折，他的心思难免有些浮动。他仍旧盘桓于经史子集等典籍当中，但最钟情的，却渐渐明朗了起来。他喜欢有韵味、值得推敲和玩味的文字。

而且，他也喜欢用自己灵动的笔触来记录心情。《词苑萃编》卷八说："容若自幼聪敏，读书过目不忘，善为诗，尤工于词。好观北宋之作，不喜南渡诸家，而清新秀隽，自然超逸。海内名人为词者，皆归之。"另外还说："容若读书机速过人，辄能举其要。诗有开元丰格。作长短句，跌宕流连以写其所难言。"

平平仄仄，长长短短，是词的模样。

他喜欢沉湎其中。他的心境，他的情致，都在其中起落。

事实上，他的整个人生，也因为词之一物而被人惦念。

试想，假如他不曾钟情于平仄韵脚，不曾将深情赋予诗词曲赋，纵然如乃父那样，在仕途扶摇直上，或许也会留名于青史，却定然不会被无数人景仰和心疼。人生于世，许多事都是注定的。明珠必然要混迹官场，叱咤风云；而纳兰，必然要流连于风花雪月，寂静如莲。

后来那些年，纳兰大概会庆幸，爱上了那种叫词的东西。寥落与悲伤，都可以交给笔墨，落在纸上成为词句。想必，填词的时候，他是带着几分欢喜的。因为，他可以与词中的自己把酒言欢。

> 春云吹散湘帘雨，絮黏蝴蝶飞还住。人在玉楼中，楼高四面风。
>
> 柳烟丝一把，暝色笼鸳瓦。休近小阑干，夕阳无限山。
>
> ——《菩萨蛮》

词是诗的别体，萌芽于南朝，形成于隋唐，五代十国后开始兴盛，至宋代达到顶峰。词最初称为曲词或者曲子词，别称有近体乐府、长短句、曲子、曲词、乐章、琴趣、诗余等，是配合宴乐乐曲而填写的歌诗，词牌是词的调子的名称，不同的词牌在句数、每句的字数、平仄上都有规定。

词最早来自民间。据记载，民间产生的词比出自文人之笔的词要早几十年。在唐代，民间的词大都是反映爱情相思的题材，所以在文人眼中难登大雅之堂，被视为诗余小令。只有注重汲取民歌艺术长处的人，如白居易、刘禹锡等人偶尔写词，具有浓厚的生活气息和自然风格。

唐末和五代时的词，大都脂粉气浓厚。温庭筠和五代花间派，题材比较狭窄，以绮丽闺阁为主，常被称为艳科。温庭筠是首位大力填词的文人，存世的词约七十首。南唐后主李煜的词，尤其是被俘后的词，开拓了新的深沉的艺术境界，给后世词人以强烈的感染。

词入宋，发展到鼎盛状态，成为一种完全独立并与诗体相抗衡的文学形式。北宋词的主流依然是沿袭晚唐五代，吟风弄月，注重词的抒情性与音乐性，如晏几道、张先等。但北宋还有些词人，如柳永、苏轼等，从词风词境入手，着意词体的变革。

北宋中期，范仲淹的《渔家傲》和王安石的《桂枝香》，大笔淋漓，墨浓意酣，词调慷慨苍凉，境界开阔悲壮，感情抑郁深沉，揭开了以苏轼、辛弃疾为代表的豪放派词作的序幕。

南渡后的词作者，在各自不同的创作道路上，以各自不同的态度与方法进行创作，为宋词的继续发展发挥了各自不同的作用。李清照亲身经历了由北而南的社会变革，生活际遇、思想感情发生了巨变，词也由明丽清新变为低回惆怅、深哀入骨，但词的本色未变。后来，辛弃疾和姜夔等人，又创造了宋词新的繁荣时期。经历了元、明的衰落，到清代，词这种文学形式重又繁荣，出现了顾贞观、陈维崧、朱彝尊等词人。

当然，这其中少不了纳兰容若的名字。

王国维说，北宋以来，一人而已。说的就是他。

对纳兰来说，词是寄情之物，更是寄心之所。

人们说，词是艳科小道，只适合茶余消遣。但我们知道，在词的世界里，有"落花人独立，微雨燕双飞"的婉约，有"千古江山，英雄无觅"的悲凉，有"忍把浮名，换了浅斟低唱"的疏狂，有"归去，也无风雨也无晴"的旷逸。人生种种，都可以盛放在词里。

周国平说，世上有味之事，包括诗、酒、书、爱情，往往无用。吟无用之诗，醉无用之酒，读无用之书，钟无用之情，终于成一无用之人，却因此活得有滋有味。

我以为，有情怀，有滋味，才算是活着。

如此，纵然身在尘埃，亦能寂静欢喜。

纳兰钟情于填词，简单而纯粹，就像他的性格。

凄凄切切，惨淡黄花节。梦里砧声浑未歇，那更乱蛩悲咽。

尘生燕子空楼，抛残弦索床头。一样晓风残月，而今触绪添愁。

——《清平乐》

他是为情而生的。而这情，就在他的词里。

像风，淡而凄寒；像雨，轻而疏离；像月，寂而清白。

顾贞观说："容若天资超逸，倏然尘外，所为乐府小令，婉丽凄清，使读者哀乐不知所生，如听中宵梵呗，先凄惋而后喜悦。"又言，"容若词，一种凄婉处，令人不能卒读，人言愁我始欲愁。"

陈维崧说："《饮水词》哀感顽艳，得南唐二主之道。"

周之琦说："或言：'纳兰容若，南唐李重光后身也。'予谓：重光，天籁也；恐非人力所能及。容若长调多不协律，小令则格高韵远，极缠绵婉约之致，能使残唐坠绪；绝而复续，第其品格，殆叔原、方回之亚乎？"

况周颐说："容若承平少年，乌衣公子，天分绝高。适承元、明词敝，甚欲推尊斯道，一洗雕琢篆刻之讥。独惜享年不永，力量未充，未能胜起衰之任。其所为词，纯任性灵，纤尘不染，甘受和，白受采，进于沉着浑至何难矣。"他在《蕙风词话》中将纳兰誉为"国初第一词手"。

胡薇元在《岁寒居词话》说："依声之学，国朝为盛，竹垞、其年、容若鼎足词坛。陈天才艳发，辞风横溢。朱严密精审，造诣高秀。

容若《饮水》一卷，《侧帽》数章，为词家正声。散璧零玑，字字可宝。杨蓉裳称其骚情古调，侠肠俊骨，隐隐奕奕，流露于毫褚间。玉津少年所写《铁笛词》一卷，刻羽调商，每逢凄风暗雨、凉月三星，曼声长吟，时恨不与容若同时耳。"

丁绍仪在《听秋声馆词话》说："国朝词人辈出，然工为南唐五季语者，无若纳兰相国明珠子容若侍卫。所著《饮水词》，于迦陵、小长芦二家外，别立一帜。"

纳兰生前，《纳兰词》即产生过"家家争唱"的轰动效应。离世后，他被誉为"满清第一词人"，清代学者均对他评价甚高。到了民国时候，纳兰还是很出名的才子早逝的典例。张恨水的《春明外史》更写到一位才子，死于三十岁的壮年，其友恸道："看到平日写的词，我就料他跟那纳兰容若一样，不能永年的。"

当然，纳兰在乎的，不是身后盛赞。

杜甫说：千秋万岁名，寂寞身后事。世事如浮云。

纳兰在意的是，生于尘世，是否活得尽情，是否澄澈如初。

他做到了，只是走得太匆忙。

疑雨集

日子总在不紧不慢地行走。

人就在其中，遇见风景，遇见自己。

世事迷离纷扰，总有人在不知不觉间，与最初的自己渐行渐远。却也有人，天真纯净如初，以真性情活在人间。他们，纵然身影寥落，至少不曾失去自己。纳兰即是如此。

不知从何时开始，纳兰的书桌上出现了一本《疑雨集》。这本书与他自幼熟读的传统典籍完全不同，却让他刹那间沦陷。他的许多词，都与这部书有莫大的关系。这部书的作者，隐没在纳兰的光辉之下，却又因为纳兰被人时有提及。

《疑雨集》的作者王次回，名彦泓，以字行，生于明末，江苏金坛人。一生落拓，流离多舛，博学好古，善作艳情诗，其"以香奁艳体盛传吴下"。

明代王氏是金坛望族。王次回祖上十分显赫，王㒜、王樵、王肯堂祖孙三代进士，皆为博学鸿儒，在仕途方面也有显著成绩和名望。王次回的祖父王启疆，是王樵长子，王肯堂的长兄，曾任平湖训导、漳州教授，后升涉县知县。其父王懋锟，曾任福建南安知县。书香门第，仕宦之家，就是王次回的出身。

只是，到王次回这一辈，家道渐渐衰落，他自己更是时常落魄。其中有个很重要的原因是，王懋锟在天启年间因秉公执法，得罪了权贵，惨遭陷害，虽在崇祯皇帝登基时被赦免，但整个家族元气大伤，难复从前繁盛气象。

王次回命途多舛，仕途不济，多次参加科举，到四十一岁还未考中。崇祯时，以岁贡官松江府华亭县训导。但此时，他已是百病缠身。崇祯十五年（1642），他病故于任上，终年五十岁。人生坎坷，他的大部分心力赋予了爱。他与妻子情深意笃，但在他三十六岁的时候，妻子猝然离世，此后他的人生可谓了无趣味，只有写诗聊以自慰。

梯攻百道是愁心，痛饮排愁肺病侵。

无计散怀惟恸哭，难持孤愤寄登临。

雪封客舍炊烟断，风度僧寮药气深。

世味如茶尝欲遍，剩余残骨付哀吟。

王次回的诗多存于《疑雨集》中，共有八百余首。

在他的诗里，有与生俱来的疏狂，有对窘困人生的感喟和体认，更多的是一个"情"字。情这东西，来去无踪，却最是让人伤神。世间之人，没有几个能逃出这个字。只是，肯将心中之情毫无保留地诉诸文字的人太少。尤其是千百年前，囿于世俗礼法，人们纵有万般衷情，下笔时也往往如履薄冰。少数人大胆落笔，尽诉深情，却又总被斥为艳诗。

　　王次回的诗，对情爱的抒写几无遮拦，每每有大胆的坦露，主要体现在他的艳体诗和悼亡诗中，情感缠绵深挚，有悲亦有悔，俱是深情的写照。他在《无题诗四首》（其三）中写道："从来不作多情调，羞读关雎第四声。"强调不为煽情而写情，所有笔下文字都是心中真情之流露。纳兰"以自然之眼观物，以自然之舌言情"，其"抒写性灵"的创作倾向和审美趣味，主要源于王次回《疑雨集》的影响。

　　纳兰词的美，就在于情真意切，感人肺腑。

　　原本，文字之美，不在于雕琢，而在于凝情于字里行间。

　　大概是因为激赏，所以纳兰的词里，总有《疑雨集》的烙印。据李勖所作《纳兰词笺》统计，纳兰借鉴王次回诗达几十余次，堪称为最。比如下面几首词，都有化用《疑雨集》的句子：

点滴芭蕉心欲碎，声声催忆当初。

欲眠还展旧时书。鸳鸯小字，犹记手生疏。

倦眼乍低缃帙乱，重看一半模糊。

幽窗冷雨一灯孤。料应情尽，还道有情无？

——《临江仙》

白衣裳凭朱栏立。凉月趀西，点鬓霜微。岁晏知君归不归？

残更目断传书雁。尺素还稀，一味相思。准拟相看似旧时。

——《采桑子》

桃花羞作无情死，感激东风，吹落娇红，飞入窗间伴懊侬。

谁怜辛苦东阳瘦，也为春慵，不及芙蓉，一片幽情冷处浓。

——《采桑子》

五字诗中目作成，尽教残福折书生。手接裙带那时情。

别后心期和梦杳，年来憔悴与愁并。夕阳依旧小窗明。

　　　　　　　　　　　　　　　　——《浣溪沙》

对照王次回的诗，不难发现其中的借鉴痕迹。

写诗填词，化用前人诗句，是司空见惯的事情。

重要的是，切合自身情感，恰到好处。

戏仿曹娥把笔初，描花手法未生疏。

沉吟欲作鸳鸯字，羞被郎窥不肯书。

从来国色玉光寒，昼视常疑月下看。

况复此宵兼雪月，白衣裳凭赤栏杆。

弱质何曾避晓风，清霜留下去时踪。

个人真与梅花似，一日幽香冷处秾。

矜严时已逗风情，五字诗中目作成。

折齿幽人犹有我，扫眉才子更无卿。

　　纳兰堪称化句高手，王次回的诗经其活用，确有翻手云泥之别，自
有一番境界。只不过，他借鉴的，除了句子外，更多的是诗境。偶尔改
动数字，便能别有意趣。

比如王次回写"手法未生疏",纳兰却偏要写"手生疏",说法反过来了,意义也截然不同。前者展现的是妻子描字被郎君窥到的羞涩矜持,后者则是突出了妻子写字不太熟练还要丈夫来教的娇媚可爱。两种滋味是各家的情趣,各家的体会。

除了词境,《疑雨集》对纳兰的词风也有不小的影响。明代后期,焦竑在《雅娱阁集序》中提出:"诗非他,人之性灵之所寄也。苟其感不至,则情不深。情不深,则无以惊心而动魄,垂世而行远。"汤显祖则以自己的戏曲创作实践提出"情真"说,他强调无论诗文还是戏曲小说的创作,都重在一"情"字。

明末,程朱理学失去了其学术思想上的统治地位,文人更多地去追求自身个性的伸展与狂狷性情的外露。张瀚在《松窗梦语》中总结当时社会风气说"人情以放荡为快,世风以侈靡相高"。体现在文学作品中,则都是对个性解放的肯定,人的本身欲求的展现:从世情小说《金瓶梅》、白话短篇"三言二拍"到戏曲《牡丹亭》,再到颇具文人雅致、生活情趣以张岱等人为代表的晚明小品文,无不强烈地显示一种酷爱声色、尚"真情"崇"性灵"的趋向。

纳兰接受了自晚明以来的文学风气,并选取王次回的《疑雨集》为学习对象,最终形成"性灵"之风格。他之所以对王次回的诗情有独钟,大概是因为在康熙年间王次回的诗很是流行。

贺裳《皱水轩词筌》记录了王次回诗的影响:"王次回喜作小艳诗最多而工《疑雨集》二卷,见者沁入肝脾,里俗为之一变,几于小元白云。"当时,《疑雨集》时常被借鉴。甚至,清初诗坛领袖王士禛也曾借鉴过。袁枚也在《再与沈大宗伯书》中说:"次回才藻艳绝,阮亭集中,时时窃之。"阮亭,即王士禛,继钱谦益之后主盟诗坛,与纳兰的忘年好友朱彝尊并称"南朱北王"。

当然，纳兰钟情于《疑雨集》，主要因其情真。

偶一翻看，便觉爱不释手。就像两个人真性情的人，蓦然相遇。

如果说，纳兰词是悠然尘外、婉丽凄清，如白衣美人坐卧云端；那么，王次回的诗便是红尘着雨、温存旖旎，似红衣美眷花丛流连。

值得一提的是，王次回的女儿王朗也是清朝著名词人，而他的外孙秦松龄与纳兰交情笃厚。在清朝文坛影响不小的徐乾学在给纳兰写的墓志铭中提道："君所交游，皆一时隽异，于世所称落落难合者，若无锡严绳孙、顾贞观、秦松龄、宜兴陈维崧、慈溪姜宸英，尤所契厚。吴江吴兆骞，久徙绝塞，君闻其才名，赎而还之。"想必，纳兰与秦松龄把酒闲谈之际，说起王次回，总会不胜唏嘘。

其实，纳兰钟情于《疑雨集》，也借鉴其他词人的风格。纳兰词中小调最工，既有唐五代花间词的传统，又宗北宋晏氏词风；而长调则广泛学习周邦彦、秦观、辛弃疾诸家。

纵观纳兰词风，清新隽秀、哀感顽艳，颇近南唐后主。而他本人也十分欣赏李煜，他在《渌水亭杂识》中说："花间之词如古玉器，贵重而不适用；宋词适用而少贵重，李后主兼而有其美，更饶烟水迷离之致。"此外，他对晏几道也比较推崇。大抵是因为，他们都是清旷之人，淡于名而痴于情。

不过，他喜欢的这些文人，明珠想必会嗤之以鼻。

那本《疑雨集》，恐怕也不能明目张胆地置于书桌上。

不管怎样，他已在其中游走了无数遍。

他总是在想，到底情为何物。

卷三

鲜衣怒马丰月

残雪凝辉冷画屏，《落梅》横笛已三更。更无人处月胧明。

我是人间惆怅客，知君何事泪纵横。断肠声里忆平生。

——《浣溪沙》

一西风几度悲画扇一

一个贵族公子，一个才华横溢的才子，却以最平凡最安闲的姿态，生活在自己的世界里，寻觅着简单的快乐，这就是纳兰。于他，人间的喧嚷，世俗的应酬，都索然无味。与之相比，倒是蹊径幽草、小巷飞花更值得驻足。

独立喧嚷之外

生命如舟。

有人喜欢纵横沧海，长风破浪。

也有人喜欢停泊于寂静处，野渡无人。

纳兰属于后者，而他的父亲明珠则属于前者。那些年，明珠在仕途可谓高歌猛进，至康熙十一年（1672），已升至兵部尚书。也因此，他对纳兰的期望比从前更高。他自然希望，纳兰能循着他的足迹，在朝廷走一条康庄大道。却不知，随着年岁增长，纳兰的志趣渐渐远离了浮利虚名。他所钟情的，是诗酒风月，是恬淡悠然。

只是，纳兰又不能违拗父亲。年轻的他，必须走在父亲为他安排好的那条路上。一路鲜花，亦是一路尘埃。他要接受最好的教育，还要参加科举考试，这些都无法回避。科举这件事，可以说无比残酷。有的人一举成名天下皆知，有的人始终不中寂寞一生。独木桥上，万千人经过，飞黄腾达的固然不少，寥落困顿的却是更多。总有人，为了科举皓首穷经，直到岁月枯黄。

纳兰虽出身高贵，却也必须经历科考的洗礼，不管愿意与否。

康熙十年（1671），纳兰入了国子监。这年，他十七岁。

国子监，或称国子学，是中国古代封建社会的教育管理机关和最高学府。国子学的设立相对于太学而言，除了是国家传授经义的最高学府外，更多地承担了国家教育管理的职能；但同时，国子监与太学也可互称，经常用太学来指代国子监。

两汉时期，国家的最高学府称为太学，唐代称国子监。明朝时，北京和南京皆有国子监，永乐年间，南京国子监达九千余人，盛况空前。

顺治七年（1650），南京国子监改为江宁府学。清因明之旧制，世祖始修葺北京国子监。据《清史稿·选举志》记载："世祖定鼎燕京，修葺明北监为太学。顺治元年，置祭酒、司业及监丞、博士、助教、学正、学录、典簿等官。"

现在的北京，在安定门内大街路东有一条古老的街道，两端立有四座彩绘牌楼，街口用六种文字镌刻着同一句话：官员人等，至此下马。这里，就是元、明、清三代的最高学府——国子监。校长称祭酒，教师称博士或助教。

朝廷的最高学府里，大都是王侯贵胄子弟，其中想必不乏庸碌粗鄙之人。纳兰身在其中，颇显得器宇不凡。与大多数人相比，他俊雅而沉静。或许是这样，当别人高谈阔论，大谈名利前程的时候，他在某个不起眼的地方，对着天空发呆。花何时开何时谢，月何时圆何时缺，甚至是人何处来何处去，是他更乐于沉迷的问题。

天生的诗性，让他更愿意独立于喧嚣之外。

于是，看上去，他总是与身处的世界格格不入。

往往，越是出类拔萃的人，越喜欢寂静，也就越愿意远离人群。这样的人，孤独而自由，静默而丰盛。他们甚至不需要谁读懂其心事，看上去是这副模样：独来天地，独往江湖。少有人知，他们的行囊里盛放了何物。兴许，空空如也。于他们，所见所闻所得俱在心里。他们只要内心丰盈，至于行囊，空空荡荡也无妨。纳兰便是如此。

国子监里的他，有几分孤独。

我们知道，孤独是他生命本来的气质。

他的孤独里，有天高云阔，也有花落水流。

此刻，他正在对着国子监里的十只石鼓发呆，就像在看一处绝美的风景。

这些石鼓，唐代初年发现于陕西凤翔三畤原，先后安置在凤翔孔庙和学府。宋大观二年（1108），徽宗将其迁到汴京国学。金兵入汴京后，见到石鼓以为是奇物，将其运到燕京，后元大德间由虞集移置于国子监。清康熙年间曾陈列于国子监文庙戟门左右，其数凡十，其形似鼓。每只石鼓上刻四言诗一首，内容多反映先秦君王征旅渔猎之事，故又被称为猎碣。

由于石鼓文字是以笔力遒劲的大篆刻成，加之它历经数千年的风雨沧桑，显得古朴淳厚，被历代文人、学者、书家视为石刻中的瑰宝。爱好文史和书法的纳兰亦是如此，他时常徘徊于石鼓之间，带着敬意，继而生发出了对其年代以及风雨历程的考证。然后，他写了一篇《石鼓记》。这篇文章收在他的《通志堂集》卷十三。

予每过成均，徘徊石鼓间，辄悚然起敬曰："此三代法物之仅存者。"

远方儒生，或未多见。身在辇毂，时时摩挲其下，岂非至幸？惜其至唐始显，而遂致疑议之纷纷也。《元和志》云：石鼓在凤翔府天兴县南二十里，其数盈十，盖纪周宣王田于岐阳之事。而字用大篆，则史籀之所为作也。自贞观中，苏勖始志其事。而虞永兴、褚河南、欧阳率更、李嗣真、张怀瓘、韦苏州、韩昌黎诸公，并称其古妙，无异议者。

迨欧阳文忠，则疑自周宣至宋，垂二千年，理难独存。夫峋嵝之字，岳麓之碑，年代更远，尚在人间。此不足疑一也。程大昌则疑为成王之物，因《左传》成有岐阳之蒐，而宣王未必远狩丰西。今蒐岐遗鼓，既无经传明文，而帝王辙迹，可西可东。此不足疑二也。至温彦威、马定国、刘仁本，皆疑为后周文帝所作。盖因史"大统十一年，西狩岐阳"之故尔。按古来能书，如斯、冰、邕、瑗无不著名，岂有能书如此，而不名乎？况其词尤非后周人口语。韦、李、虞、褚、欧阳近在唐初，亦不遽尔昧昧。此不足疑三也。至郑夹漈、王顺伯，皆疑五季之后，鼓亡其一，虽经补入，未知真伪。然向傅师早有跋云："数内第十鼓不类，访之民间，得一鼓，字半缺者，校验甚真，乃易置以足其数。"此不足疑四也。郑复疑靖康之变，未知何在？王复疑世传北去，弃之济河。尝考虞伯生尝有记云："金人徙鼓而北，藏于王宣抚宅。迨集言于时宰，乃得移至国学。"此不足疑五也。予是以断然从《元和志》之说，而并幸其俱存无伪焉。

尝叹三代文字，经秦火后，至数千百年，虽尊彝鼎敦之器，出于山岩、屋壁、陇亩、墟墓之间，苟有款识文字，学者尚当宝惜而稽考之。况石鼓为帝王之文，列胶庠之内，岂仅如一器一物，供耳目奇异之玩者哉？谨记其由来，以告夫世之嗜古者。

关于石鼓属于哪个年代，争论持续了千余年。

纳兰在记文中列举唐代虞世南、褚遂良、欧阳询、李嗣真、张怀瓘、韦应物、韩愈等人的观点，他们均认为石鼓"盖纪周宣王田于岐阳之事"，而宋代欧阳修、程大昌、温彦威、马定国、刘仁本、郑樵、王顺伯等人皆持有异议，或疑石鼓历两千年难存于世，或疑为成王之物，或疑石刻为后周文帝所作。纳兰旁征博引，运用实物遗存、帝王辙迹、民间口语、前人跋记作为论据，以五个"此不足疑"，对欧阳修等人的异议进行辩驳。

文章仔细辨析了围绕这十只石鼓的真伪与断代的种种争议，梳理了它们的历史，一路追踪着这十只石鼓如何被镌刻出来，如何散落在民间，如何在唐代初年重现人世，如何被褚遂良、欧阳询等书法家和韩愈、韦庄等文人欣赏其上文字，又如何在"靖康之变"中被金兵掳去，如何被移置在北京的国子监里，等等。

整篇文章富有层次，不失为清代金石考据中的一篇力作。尽管，就考古学来说，这篇文章算不得十分严谨，例证也不算确凿无疑。但出自十七岁的纳兰之手，已足见其学识渊富。感性的纳兰，理性的时候像个学者。

有意思的是，后来康熙皇帝临雍视学，也写过一篇《御制石鼓赞》，其序云："朕释奠先师于国学，观石鼓于庙门之两庑，缅怀周宣，迄今二千余年，而中兴之烈，岐阳之蒐，俯仰如昨。鲁壁、汲冢，阙有间矣。此文此石，独焕然与日月争光，是三代法物之仅存者也。今列在太学，实斯文之盛。尝寻绎拓本，推详其遗义，有会于心焉。"

其中"三代法物之仅存者"即出自纳兰容若《石鼓记》。康熙皇帝将纳兰原话引入御制文，说明他认同了纳兰的考证。正由于此，纳兰的

《石鼓记》被收载到了乾隆四十三年（1778）由户部尚书梁国治等奉敕修纂的《钦定国子监志》卷七十九《艺文志》中。

历史沉默，石鼓沉默。真相亦沉默。

却总有人，独立于喧嚷之外，与沉默相谈甚欢。

就像那个十七岁的翩翩少年。

昆山三徐

马尔克斯说：我们趋行在人生这个亘古的旅途。

在坎坷中奔跑，在挫折中涅槃，忧愁缠满全身，痛苦飘洒一地。

我们累，却无从止歇；我们苦，却无法回避。

都说，人生是一场旅行。其实，人生何尝不是一场修行。不断的遇见和离别，不断的晴好和雨雪，认真收藏，认真品读，总能从中品出淡然，品出从容。如此，离开的时候，便可坦荡地说，不负这番陌上的行走。

对十七岁的纳兰来说，人生似乎还很长。孤烟大漠，断桥烟雨，许多的风景，都在远处等他去流连。故事外面的我们却知道，从此时开始，他只有十余年的时间，去体悟生命的浓和淡、轻与重。

当时，国子监祭酒（即校长）是徐元文，江苏昆山人。昆山可谓人杰地灵，在这里的玉峰山南麓曾矗立着一座著名的藏书楼——传是楼。楼主徐乾学是当地名流。当时徐氏宗祠里有一副对联：教子有遗经，诗书易春秋礼记；传家无别业，解会状榜眼探花。对联并不夸张，徐氏三兄弟先后科举高中，号称"一门三鼎甲"。

徐元文字公肃，号立斋，顺治十六年（1659）进士第一，顺治帝称其为"佳状元"，赐冠带、蟒服、乘御马等，授翰林院修撰。康熙十八年（1679），出任修《明史》总裁，荐万斯同入史局。还曾任国子监祭酒，充经筵讲官。康熙称赞他："徐元文为祭酒，规条严肃，满洲子弟不率教者，辄加挞责，咸敬惮之。后人不能及也。"后任左都御史，官至文华殿大学士兼翰林院掌院学士。

康熙年间，大哥徐乾学、二哥徐秉义又先后考中了探花。此后，三人同朝为官，位至极品，徐氏一门因此名满天下，遂为昆山望族。徐乾学、徐秉义、徐元文三兄弟并称"昆山三徐"。徐氏三兄弟的舅舅，不仅是名满天下的大儒，更是在整个中国思想史上占有重要地位的显赫人物，即"明末三大家"之一的顾炎武。

徐乾学，字原一，号健庵、玉峰先生，清代大臣、学者、藏书家。康熙九年（1670）进士第三名，授编修，先后担任日讲起居注官、《明史》总裁官、侍讲学士、内阁学士。康熙二十六年（1687），升左都御史、刑部尚书。曾主持编修《明史》《大清一统志》《古文渊鉴》等书籍，著《憺园集》三十六卷。

纳兰聪慧好学，作为国子监祭酒的徐元文对他欣赏有加，也常向兄长徐乾学说起他，言语中充满赞赏。因此，徐乾学对纳兰颇感兴趣；至于纳兰，对徐乾学的才名早有耳闻，也很想结识这位前辈。终于，机缘悄然而至。

康熙十一年（1672），纳兰参加顺天府乡试。清代顺天府为京师畿地，地处全国政治中心，所以其考试备受世人瞩目。而乡试作为省级大规模的选拔性考试，是科举考试中竞争最为激烈、影响最为深远的一级考试。这次顺天府考试，徐乾学就是主考官之一。

十八岁，纳兰步入了科举的考场。

带着几分志得意满。又或许，还有几分无奈。

科举考试，是个游戏，却是关乎无数学子前途命运的游戏，甚至有几分成王败寇的意味。真实的情况是，很多人虽有旷世之才学，却无奈榜上无名。对许多文人来说，科举都是条风雨兼程的长路。

唐代诗人罗隐，参加科举十多次，最终还是铩羽而归，史称"十上不第"；明代画家徐渭，天资甚高，六岁读书，八岁便能作文，被誉为神童的他，经历了八次科举考试，始终未能中举；清代文学家蒲松龄，十九岁应童子试，接连考取县、府、道三个头名，后来却屡试不第，直到七十一岁才补了个岁贡生，在科举的路上，他走了半个世纪。

还有更漫长的。清代有个叫谢启祚的读书人，自少年时代起就参加科举考试，到了九十八岁高龄，才终于考中了举人。狂喜至极，当即写了首《老女出嫁诗》来表达自己此时的心情："行年九十八，出嫁不胜羞。照镜花生靥，持梳雪满头。自知真处子，人号老风流。寄语青春女，休夸早好逑。"有趣的是，与他同时中举的，竟有个十二岁的少年。

比纳兰早六百多年的柳永，在首次参加科举前，曾在词中写道："对天颜咫尺，定然魁甲登高第。"他以为考取功名如探囊取物，却没想到，名落孙山。此后数次再入科场，仍是折戟而回。于是，他只好带着些自我解嘲的意味，填词寄怀说："才子词人，自是白衣卿相。"又说，"忍把浮名，换了浅斟低唱。"

纳兰顺利通过了这次考试。这是他进入国子监的第二年。

对他来说，此番考试只是牛刀小试。谁都知道，他生而不凡。

　　而他自己，却更希望生而平凡，如清泉，如芳草。

　　纳兰中举，在参加鹿鸣宴之前，先要去拜谒主考官。京兆堂里，徐乾学接受了所有举子的拜谒，但他只对一人青眼有加，便是在三弟徐元文那里闻名已久的纳兰成德。那是纳兰与徐乾学这对师生的首次相见。后来，徐乾学回忆说，那日的纳兰，举止娴雅，正是翩翩浊世佳公子的风姿。三日之后，纳兰过府拜谒，两人相谈甚欢。对纳兰的学识和风采，徐乾学赞誉有加。

　　而纳兰，得徐乾学为师，亦觉幸甚。在《通志堂集》卷十三《上座主徐健庵先生书》中，纳兰如此写道："入而告于亲曰：'吾幸得师矣！'出而告于友曰：'吾幸得师矣！'即梦寐之间，欣欣私喜曰：'吾真得师矣！'"足见其欣喜之情。

　　世人对徐乾学颇多指摘，许多人称其心术不正。甚至，就连其舅父顾炎武，也觉得他名利之心太重。不管怎样，对纳兰容若来说，徐乾学算是个良师。他不仅指点纳兰的学业，而且还利用其传是楼丰富的藏书，协助纳兰编出了一部大型儒学丛书《通志堂经解》。纳兰容若被主流社会认可，并非因其在诗词方面的造诣，而是因为这套书。

　　十几年后，纳兰英年早逝，徐乾学悲不自胜。

　　毕竟，终其一生，如纳兰这般灵慧多才的学生，甚是少见。

　　他为纳兰写了墓志铭，题为《通议大夫一等侍卫进士纳兰君墓志铭》。

　　始容若之丧，而余哭之恸也！今其弃余也数月矣。余每一念至，未尝不悲来填膺也。呜呼，岂直师友之情乎哉！余阅世将老矣，从我游者亦众矣，如容若之天姿之纯粹，识见之高明，学问之淹通，才力之强敏，殆未有过之者也。

…………

自幼聪敏，读书一再过即不忘。善为诗，在童子已句出惊人，久之益工，得开元、大历间丰格。尤喜为词，自唐、五代以来诸名家词皆有选本。

…………

容若数岁即善骑射，自在环卫，益便习，发无不中。其扈跸时，雕弓书卷，错杂左右。日则校猎，夜必读书，书声与他人鼾声相和。间以意制器，多巧倕所不能。于书画评鉴最精。其料事屡中，不肯轻为人谋，谋必竭其肺腑。

…………

徐乾学于纳兰亦师亦友，他是了解纳兰的。

才华横溢无须多言，更重要的是，在纳兰的身上，有着贵族子弟少见的谦逊和淡净。在这篇墓志铭中，徐乾学还回忆说，纳兰的居家生活是这样："闭门扫轨，萧然若寒素，客或诣者，辄避匿。拥书数千卷，弹琴咏诗，自娱悦而已。"这就是纳兰，喜欢清静，因此更愿意独处，即使有客人到访，也常常避而不见。

一个贵族公子，一个才华横溢的才子，却以最平凡最安闲的姿态，生活在自己的世界里，寻觅着简单的快乐，这就是纳兰。于他，人间的喧嚣，世俗的应酬，都索然无味。与之相比，倒是蹊径幽草、小巷飞花更值得驻足。

可惜，很多时候，越是简单的东西，反而越遥远。

临山近水，煮酒烧叶，只是少数人的生活。

但这不妨碍纳兰，在繁华里像个隐者。

秋水轩唱和

行走陌上，一路风尘。

走着走着就入了迷局，不见来路，不见归途。

所谓彼岸，或许就是我们历经浮沉悲欢终于得见自己的地方。

或许，只是一棹天涯。

属于纳兰的彼岸，大概就是繁华之外独自沉吟时的云淡风轻。他的世界，是许多人包括他父亲无缘涉足的，即使偶尔走入，也会仓皇离开。

那年，时任左都御史的明珠和国子监祭酒徐元文同时获得了一个新衔：经筵讲官，即康熙皇帝的儒学老师。徐元文才名远播，得此殊荣是实至名归。至于明珠，担任此职位，难说名正言顺，却足见康熙皇帝对他的重视。

事实上，除了这个虚衔，明珠还从左都御史调为兵部尚书。此时，以吴三桂为首的三藩已在蠢蠢欲动，与朝廷的矛盾日益激化。此时康熙帝让明珠担任兵部尚书，无非是要在不久后可能发生的战争中倚靠于他。

明珠向来醉心功名权势，如此被重用当然喜不自胜。而纳兰，对这样的事情，从来都是兴致索然。他并不关心，父亲大人在朝廷里如何炙手可热。但这件事也并非与他毫无干系。明珠得宠，身边便聚集了许多趋炎附势的官员。其中有不少人，有意将女儿许配给纳兰。当然，即使抛开利益关联，风神俊逸的纳兰也是许多女子心目中的如意郎君。

纳兰对此或有所闻，却并无兴趣。

在整个世界的喧嚷中，他总是悄然无息地存在着。

如果可以，他愿意活得清净无尘，与俗事毫无瓜葛。

王次回的诗翻了千百遍，他仍被那份深情感动着；花间词仍在他心中寂静地绽放；李后主、晏几道，他们的词都在无形中滋养着他对美的认知。他知道"林花谢了春红，太匆匆"的无奈，也知道"落花人独立，微雨燕双飞"的孤独。月色之下，他仍会不经意地忆起表妹。她眉目如画，她吐气如兰。一回首，便是一次黯然。

某天，他终于变得兴高采烈。那时候，整个京城都因为一个话题事件而变得极具诗的意味。那是一次大规模的文人聚会：秋水轩唱和。

清初有过三次著名的唱和，除了秋水轩唱和，还有江村唱和及红桥唱和。三次唱和对清初词坛词风嬗变有非常广泛的影响，而三次唱和的关键人物皆是柳州词派领袖人物曹尔堪。康熙三年（1664）前后在杭州，曹尔堪与宋琬、王士禄各填《满江红》八首，有唱和集《江村唱和词》，当时和《满江红》的有数十家，此乃江村唱和；康熙六年（1667），曹尔堪到扬州，次年与王士禄等十七人有过一次广陵唱和，又称红桥唱和。

秋水轩唱和是中国词史上一件盛事。康熙十年（1671），词人周在浚下榻京城孙承泽的秋水轩别墅。周在浚寓居秋水轩后，引得不少名公贤士造访，相与饮酒啸咏为乐，其中包括曹尔堪。

曹尔堪字子顾，号顾庵。浙江嘉善人。顺治九年（1652）进士。曾奉旨与吴伟业等同注唐诗。顺治十八年（1661），为江南奏销案所累，夺级南归；同年到杭州，在西湖与朱彝尊、曹溶都有唱和。归里后，又因事触怒县卒，判谪关外。后因亲友助以得赎。于是箬冠芒履，游历全国。

那日，曹尔堪见墙壁上题写了不少酬唱诗词，云蒸霞蔚，偶然间填了首《贺新凉》（又名《金缕曲》《贺新郎》等），题在墙壁空白处。没想到，不久之后，龚鼎孳、周在浚、纪映钟、徐倬等词人纷纷唱和，皆用《贺新凉》这个词牌，且韵脚与曹尔堪这首词相同。步韵写诗填词颇有难度，但于文人墨客，却是极风雅之事。

> 淡墨云舒卷。旅怀孤、郁蒸三伏，剧难消遣。
>
> 秋水轩前看暴涨，晓露着花犹泫。贪美睡、红蚕藏茧。
>
> 道是分明湖上景，苇烟青、又似耶溪浅。留度暑、簟纹展。
>
> 萧闲不羡人通显。笑名根、膏肓深病，术穷淳扁。
>
> 衮衮庙牺谁识破？回忆东门黄犬。沧海澜，吾其知免。
>
> 埋照刘伶扬酒德，倒松醪、好把春衣典。词赋客，烛频剪。
>
> ——曹尔堪《贺新凉》

其后，京城有过多次唱和活动，时间持续至年末。秋水轩唱和波及全国，一时藻制如云。严迪昌先生认为秋水轩唱和意义甚大："是'稼轩风'在清初的一次集团性鼓动。"周在浚结集二十六卷《秋水轩唱和词》，共收几十位词人的近两百首词。

秋水轩唱和，词人们多为名流，身份复杂。有的坚持遗民立场，不与新朝合作；有的先仕明后仕清，被称作贰臣；有的是朝中新贵；还有的有意于功名，却仕途坎坷。他们在唱和词中流露出的心态，主要体现为郁闷心态、叹世心迹、隐遁心音。表面上是一个小群体的心态，实质上反映出清初文人在当时的社会大背景下错综复杂的心态。

曹尔堪此次来京，企望辩白狱事，却遭失败。入仕无门，复职落败，心中的苦闷、愤懑郁积深厚，才有秋水轩唱和时的爆发。徐倬，少时聪颖，十岁就童子试，获头名。十七游会稽，从学于名辈倪元璐，奠定了与耆宿旧辈的交往关系。饱读诗书，但科场淹蹇，四十七岁尚未进士及第，愁闷不堪。其《贺新凉·孟秋集秋水轩，奉和合肥夫子》下阕最能体现其心态：

孤怀隐约何时显。料生涯，泥方沾絮，石斯同扁。仰首浮云看变态，多少白衣苍犬。笑此事，天家宁免。赖有南楼高兴在，舍吾公，风月今谁典。愁不断，借并剪。

陈维岳，阳羡词派宗主、纳兰好友陈维崧的三弟。为生活所迫，长期漂泊在外或四处漫游，或为幕僚，很不如意。据《陈维崧年谱》，秋水轩唱和时他正漫游京华。他的《贺新凉·旅况》表现漫游生活的艰辛及郁闷情怀：

天末微云卷。恰西风，凤凰城畔，夜长难遣。点点丝丝清泪落，沾湿罗衣偏泫。怕开箧，吴绫齐茧。上有萧娘题锦字，道情深，恼是郎情浅。漂泊恨，凭谁展。

书生薄命安排定。那能消，画蛾眉细，盘龙髻扁。奇冷布衾浑似铁，听彻寒更豹犬。料花蕊，笑人不免。周肉何妻吾事济，更伶仃、一妾翻文典。鹏羽翮，何妨剪。

相比那些落魄失意文人，康熙六年（1667）考中进士、此时官居中书舍人的汪懋麟，本应意气风发，但他的《贺新凉·寄栎园先生》也颇有厌倦仕途、归隐田园之意：

日与时舒卷。曷归乎、江山啸傲，诗书消遣。岭峤风烟俱历尽，往事思量垂泫。悟宦海、沸汤投茧。公说生还原偶遂，笑世人、欲役心真浅。双翼在，任飞展。

山林钟鼎俱尊显。放闲情，棕鞋穿破，角巾折扁。煮石春泉供晒药，炼得云中鸡犬。况女嫁、男婚都免。且喜眼中无俗物，小楼边、图画兼经典。丘壑在，不须剪。

至于纳兰，正值鲜衣怒马年岁，几无愤懑与感叹。

但他有幸在这场属于词的盛事中，留下了自己的词作。

那日黄昏，在郊外畅游。某个刹那，他被六七个女孩的笑声吸引了。似乎，她们在谈论着什么，说到兴高采烈处，笑得爽朗。纳兰默然走近，终于听清了。她们谈论的话题，正是他那些天心驰神往却又无处言说的事情。

诗词唱和，于文人是风雅之事，但对心神皆陷于名利场的人来说，未必有多少趣味。明珠对纳兰期望甚高，绝不希望他沾染填词步韵这样的事情。但这，恰恰是纳兰痴迷的。

那些女孩子说着文坛雅士，都带着几分兴奋。某某才子的俊雅，某某词人的风流，她们说得兴致盎然。而纳兰，则在她们之中听到了一个最明媚的声音。然后，他寻得了那个声音的主人。那是一个恬静的女孩，服饰素雅，人淡如菊。

或许，仅是被这女子吸引，纳兰情不自禁地走了过去。关于秋水轩唱和，简短的对答后，这些女孩便已知晓，这个看上去极其稚嫩的少年，有意唱和，这让她们吃惊不小。要知道，秋水轩唱和的参与者大都是学养深厚的中年文士。以纳兰的年纪，又是豪门贵公子模样，要参与众多文人雅士的唱和，殊为少见。

纳兰被要求以眼前所见为内容填词。他先是有些茫然，但眼神很快就停在那个素淡女孩身上，然后移开，做沉思状，已是胸有成竹。在他思索的时候，几个女孩都静静地看着他，各有各的心事。清俊少年，白衣胜雪，这是他在她们眼中的模样。不久后，依着秋水轩唱和的体例，纳兰吟出了一首《贺新凉》：

疏影临书卷。带霜华、高高下下，粉脂都遣。别是幽情嫌妩媚，红烛啼痕休泫。趁皓月、光浮冰茧。恰与花神供写照，任泼来、淡墨无深浅。持素障，夜中展。

残釭掩过看逾显。相对处、芙蓉玉绽，鹤翎银扁。但得白衣时慰藉，一任浮云苍犬。尘土隔、软红偷免。帘幕西风人不寐，恁清光、肯惜鹴裘典。休便把，落英剪。

不久之后，纳兰离开了。

这首词的内容，他说咏的是后院那株白梅花。

但其实，时节不对，梅花未曾绽放。

倒是人群中的那个女孩，素净无瑕，年华正好。她不知道，那日那时，她已被那潇洒俊逸的公子记取了模样。而纳兰自己及他这首吟咏成疑的词，在此后的很长时间里，都是这些女孩子乐于谈论的话题。

那日的纳兰，在吟罢那首词之后，很是意气风发。文坛盛事，终于有了他的身影。而且，那淡雅的女子，他虽不知其姓名来历，却总觉得有缘。正如汤显祖所言，"情不知所起，一往而深"。一次遇见，或许就是万年情长。

纳兰离开的时候，那女孩有意无意地望向他，几分羞涩，几分不舍。

他心想，或许她明白，词中的梅花，就是她素净的身影。

我是人间惆怅客

康熙十一年（1672），纳兰十八岁。

裘马轻狂的年岁，他却独喜寂静。

尽管如此，显赫的出身、俊雅的容貌、不凡的才华，关于他的许多事，都可谓天下皆知了。他并不关心世人如何艳羡于他，也不关心哪些官宦女子垂青于他。

灯下，纳兰手捧着一部词集《静志居琴趣》，作者朱彝尊。

这个名字，他并不陌生。但是他的故事，纳兰最近才有所了解。

黯淡长夜，一灯独明。朱彝尊的故事让他辗转难眠。

一个情字，牵连着两个深情的男子。

朱彝尊，字锡鬯，号竹垞，又号醧舫，晚号小长芦钓鱼师，又号金风亭长。浙江秀水（今浙江嘉兴市）人。清代词人、学者、藏书家。博通经史，诗与王士禛并称"南朱北王"；作词风格清丽，为"浙西词派"的创始人，与陈维崧并称"朱陈"；另外，他精于金石文史，购藏古籍图书不遗余力，为清初著名藏书家之一。

朱彝尊是清代词坛领袖，其词在清词中影响巨大。他认为明词因专学《花间集》《草堂诗余》，有气格卑弱、语言浮薄之弊，乃标举"清空""醇雅"以矫之。他主张宗法南宋词，尤尊崇其时格律派词人姜夔、张炎，提出："世人言词，必称北宋，然词至南宋，始极其工，至宋季而始极其变。姜尧章氏（姜夔）最为杰出。"后龚翔麟选朱彝尊、李良年、李符、沈皞日、沈岸登及本人词为《浙西六家词》，遂有"浙西词派"之名。其势力笼罩了康熙、雍正、乾隆三朝百余年的词坛。

朱彝尊的才华，纳兰自是由衷地钦慕。

但真正让纳兰激动和感动的，是这词人的性情和故事。

那就像浮华世界里的竹巷风、篱畔月。

四十三岁的朱彝尊，是个江南落魄文人。五年前，即康熙六年（1667），他编成了自己的第一部词集，也就是此时纳兰手捧着的《静志居琴趣》。让世人惊愕的是，这部词集，竟是写给妻妹的。而"静志"二字，即是妻妹的字。一段不伦之恋，毫不避讳地呈现在词集里。无论世人如何指斥，词人都很坦然。爱情，没有对错。再多的不屑与嘲讽，都改变不了爱情发生时彼此欢喜的美好。

顺治二年（1645），十七岁的朱彝尊与浙江归安县儒学教谕冯镇鼎之女，十五岁的冯福贞完婚。因为朱家贫寒，给不起聘礼，甚至无力迎娶，他只好入赘冯家。关键是，朱彝尊不仅贫寒，还不愿参加清朝的科举以求取功名。因此，岳父和岳母对他很不待见。

朱家本是书香门第，朱彝尊的曾祖父朱国祚，是明朝万历十一年（1583）进士，官至户部尚书兼武英殿大学士，加少傅兼太子太傅；祖父朱大竞，在明朝做过云南楚雄府知府。明朝末年，战乱频仍，朱家家道中落。生于崇祯二年（1629）的朱彝尊，如众多从晚明过渡到清初的文人，非常抵触清朝政府。

朱彝尊入赘冯家时，妻妹冯寿常才十岁。随着时间的推移，小姑娘渐渐长成了窈窕明媚女子。朱彝尊对她的感觉，也从最初单纯的喜欢，悄然间变成了爱慕。他在诗中写道："刺绣在深闺，总是愁滋味。方便借人看，不把帘垂地。弱线手频挑，碧绿青红异。若遣绣鸳鸯，但绣鸳鸯睡。"

在冯家，落魄的朱彝尊受尽冷眼。只有妻妹对他青眼有加。他的才情，他的孤傲，她都无比仰慕。然而，他们彼此喜欢，却难以圆成好事。并非世俗羁绊，而是朱彝尊本就因寒酸而入赘，设馆课徒勉强度日，当然不敢有如此非分之想。顺治十年（1653），妻妹出嫁了。从此两地相隔，万千相思只有诉诸笔端。这深情的男子，因相思而身影憔悴。远方那个女子又何尝不是如此！

顺治十五年某日，在江湖舟中，他们蓦然重逢。

深秋，各自的风尘路，因为重逢而温暖。

> 一箱书卷，一盘茶磨，移住早梅花下。
>
> 全家刚上五湖舟，恰添了，个人如画。
>
> 月弦初直，霜花乍紧，兰桨中流徐打。
>
> 寒威不到小篷窗，渐坐近，越罗裙衩。

——朱彝尊《鹊桥仙》

但是那日，隔着许多人，他们相对不语。

就那样，沉默着，从偶尔的眼神交汇中拾取情意。

这是故事里刹那的春花绚烂。此后的他们，大概也只能在各自的心里久居，却又在真实的世界两处流离。冯寿常红颜薄命，丈夫早逝，儿子夭折，从此孤独幽居，终因相思朱彝尊成疾，不久就含恨离世。就在她离世的那年，朱彝尊将写给她的词编成了《静志居琴趣》。静志，是妻妹的字，也是朱彝尊居所的名字。

朱彝尊还有一首长诗，题为《风怀二百韵》，都是写他与妻妹的故事。可以说，《静志居琴趣》只是"风怀诗"的注解。古人写爱情的诗词很多，但像《风怀二百韵》这样整整二百韵，像《静志居琴趣》这样整整一卷词，只写一个女子，只写他们之间的爱情，这种情况极其罕见。由此可见，朱彝尊对冯寿常的爱恋，是那种渗透到精神里边的高雅的志同道合之爱。

多年后，朱彝尊编纂《曝书亭集》，不少朋友劝他将《风怀二百韵》删去，朱彝尊几番犹豫，终是没有删。为了留下爱情生活的珍贵纪念，他甘愿受礼教世俗的谴责。

应该说，冯寿常是幸福的。尽管她与朱彝尊的相爱非常短暂，迅如电光，但这份特别的爱能够使朱彝尊为她写下那么多情意缠绵的、震撼世人心扉的文字，她也算死而无憾了。朱彝尊特别难能可贵之处在于，在冯寿常去世多年后，他对她依旧念念不忘。

爱情这件事，说来只如烟花易逝。

但那刹那之间的绚烂，总会因为深情而涅槃重生。

夜深人静，纳兰还在朱彝尊真挚的情感世界里游走着。爱情迷人亦伤人。总有人纵身跃入，哪怕因此形销骨立。但也有人，畏首畏尾，爱得不清不楚。

与真情相比，世间所有的规则与逻辑都绵软无力。朱彝尊爱得炽烈，他所有的深情都诉诸笔下，满含着恣肆与狂傲。纳兰欣赏他，因为他不仅敢爱，也敢于陈情于词中，毫不遮掩。朱彝尊与妻妹之间的爱情，没有圆满可言，或许只是一帘风月。但朱彝尊爱得深沉，的确是人在爱情中该有的模样。

纳兰对爱情的理解，就是倾情付出，无怨无悔。

朱彝尊的故事里，他能找到自己的影子。

至情至性，他们皆是如此。

这一年，朱彝尊入京，客居潞河漕总龚佳育幕府。落魄半生，此番入京，他带着另一本词集《江湖载酒集》。词集中有首《解佩令》，其中写道：落拓江湖，且分付、歌筵红粉。料封侯、白头无分。

已过不惑，未曾闻达。他是带着悲凉走入京城的。

封侯拜相，早已无从说起。他只求，万丈红尘，有个栖身的地方。

自然地，他也希望，有人能了解他漂泊人世的凄凉。

> 菰芦深处，叹斯人枯槁，岂非穷士？剩有虚名身后策，小技文章而已。四十无闻，一丘欲卧，漂泊今如此。田园何在，白头乱发垂耳。
>
> 空自南走羊城，西穷雁塞，更东浮淄水。一刺怀中磨灭尽，回首风尘燕市。草屦捞虾，短衣射虎，足了平生事。滔滔天下，不知知己谁是。

——朱彝尊《百字令》

他不知道，京城的繁华深处，有个十八岁的少年，正在因他而感叹，感叹他的人生，感叹他的性情。他们素昧平生，但是这少年已将这落拓的江南文人视为知己了。

夜月之下，不胜清寒。玉笛声隐约而来。

是《梅花三弄》。似乎，人间的悲欢离合尽在其中。

遥想那中年词客，就像回忆一位暌违已久的故人。

终于，带着唏嘘，他写了首《浣溪沙》。

　　残雪凝辉冷画屏，《落梅》横笛已三更。更无人处月胧明。

　　我是人间惆怅客，知君何事泪纵横。断肠声里忆平生。

同样的城市里，寄人篱下的朱彝尊，也在笛声里惆怅着。

渐渐地，笛声乱了，许多陈年旧事却仍在翻腾。

朱彝尊的心事，纳兰懂得。世间的许多事是说不清道不明的，有的人日日相见终是形同陌路，有的人未曾谋面却仿佛倾谈过多次。纳兰说的"我是人间惆怅客，知君何事泪纵横"，是一个真性情之人对另一个真性情之人的心事洞察。

你的心事我懂。所以，你惆怅，恰似我惆怅。

可是，纳兰自己的心事，又有几人懂得?

真的不多，寥寥无几。

万春园里误春期

筚路蓝缕，沐雨栉风。这就是人生。

看似是行路，其实不过是，逢山开路，遇水搭桥。

走得久了才知道，真正的道路不在脚下，而在心里。

康熙十一年（1672）八月，十八岁的纳兰，参加了顺天府乡试。他知道，许多人将在科举这件事上盛放或者凋零。他很自信，却并不因此而自喜。科考成败，牵绊的无非是声名权位。而这些，恰恰是他最不屑、最渴望远离的。如果非要探究参加科举的目的，那么或许，纳兰只是想证明自己在儒家文化里跋涉多年，能够以才华学识被认可和尊重，而不是以豪门贵公子的身份。

初战告捷，纳兰顺利地通过了乡试。让他欣慰的是，在这次乡试中，他结识了同榜及第的韩菼和曹寅，两人都是纳兰很要好的朋友。另外，还有件事也让纳兰欣喜不已，那就是因为这次乡试，终得徐乾学为师。许多学子亲近座主，为的是此后在官场求得照拂，座主不知学子前途几何，也乐得被攀缘。纳兰则不同，他结交徐乾学，完全是出于对其才学的仰慕。

　　夫师，岂易言哉！古人重在三之谊，并之于君亲。言亲生之，师成
之，君用而行之，其恩义一也。然某窃谓师道，至今日亦稍杂矣。古之
患，患人不知有师；今之患，患人知有师而究不知有师。夫师者，以学
术为吾师也，以文章为吾师也，以道德为吾师也。今之人谩曰：师耳，
师耳，于艺则有师，于郡县长吏则有师，于乡试之举主则有师，于省试
之举主则有师，甚而权势禄位之所在则亦有师。进而问所谓学术也，文
章也，道德也，弟子固不以是求之师，师亦不以是求之弟子。然则师之
为师，将仅仅在奉羔、贽雁、纳履、执杖之文也哉！

　　洙泗以上无论已。唐必有昌黎，而后李翱、皇甫湜辈肯事之为师。
宋必有程朱，而后杨时、游酢、黄幹辈肯事之为师。夫学术、文章、道
德，罕有能兼之者，得其一已可以为师。今先生不止得其一也。文章不
逊于昌黎，学术、道德必本于洛闽，固兼举其三矣，而又为某乡试之举
主，是为师生之道无乎不备，而某能不沾沾自喜乎？

　　　　　　　　　　　　　　　　　　　——《上座主徐健庵先生书》

　　结识徐乾学，纳兰为之兴奋不已。他给徐乾学写了封长信，表达
了幸得良师的兴奋之情，他喜从徐乾学为师，看重的是文章、学术、道
德三者兼具，他表示："某即愚不肖，敢不厚自砥砺奋发，以庶几无负
大君子之教育哉。"由此可见，纳兰虽淡泊，但在学识方面颇有进取之
心。利禄功名他视为尘土，但徐乾学的深厚学养和汗牛充栋的藏书，他
心向往之。

　　徐乾学爱书，他收藏的儒学著作数以万计。走入他的书室，就像置

身于浩渺大海，纳兰在兴奋之余，对这位老师更是由衷拜服。当然，他拜服的，还有博大精深的汉文化。他庆幸，得如此大儒为师，因此可以徜徉于书海。

不久后，纳兰迎来了人生的第二次挑战。康熙十二年（1673）二月，纳兰参加了在京城举行的会试，主考官有杜立德、龚鼎孳、姚文然及熊赐履。纳兰再次顺利得中。科举这条路，他走到了最后的关隘，即殿试。那个英姿勃发的少年皇帝，要在保和殿亲自测试考生。这次考试得中，才能获得进士头衔。

纳兰早已按捺不住内心的激动了。以他的才学，殿试过关本在预料之中。然而，上天却在关键时刻开了个玩笑，很不公平。却也可以说，上天很公平，给了纳兰高贵的出身和旷世的才学，也给了他命运的羁绊。

给你晴空万里，也给你雨雪飘零，这才是生活。

倘若永远芳草萋萋，生活便也失去了该有的平上去入。

在此之前，纳兰的人生太过平坦，从小被誉为神童，在明珠府享尽荣宠，无论出现在哪里都是光彩照人。而此时，在他人生的十字路口，一场突如其来的风雨，让他知道了造化弄人四字的意味。

毫无征兆，纳兰就病倒了。他感觉自己像是掉入一个寒冷的冰窖，全身疼痛难当，连血液似乎都已凝固，不复流动。他的病被诊断为寒疾。他感觉自己被疼痛撕碎，整个人都支离破碎。他心里清楚，错过此次殿试，要苦等三年才能等来下次。

可也没办法，命运捉弄，谁都无力回避。对病痛，纳兰无可奈何。他能做的就是忍住痛楚，让自己有思考的力量。窗外，月落乌啼。他的心随着月光飘出了很远。

月落城乌啼未了，起来翻为无眠早。

薄霜庭院怯生衣，心悄悄，红阑绕，此情待共谁人晓？

——《天仙子》

深宫里，有个寂寞的身影。

月光之下，回忆林林总总，甚是清晰。

无人知道，入宫之后，她所受的是娇宠还是屈辱。不管怎样，带着一份旧情身在宫内，必不是美好的滋味。张祜诗云："禁门宫树月痕过，媚眼惟看宿燕窠。斜拔玉钗灯影畔，剔开红焰救飞蛾。"纳兰的表妹，或许就在这样的寂寥中荒度流年。

倘若她不曾入宫，此时定会伴在纳兰身边，心疼不已。

可惜，她在别处。那是一处亦近亦远的地方。

纳兰越想越冷，身体和心魂皆剧痛无比。

他错过了殿试，以一首《幸举礼闱以病未与廷试》表达了遗憾：

晚榻茶烟揽鬓丝，万春园里误春期。

谁知江上题名日，虚拟兰成射策时。

紫陌无游非隔面，玉阶有梦镇愁眉。

漳滨强对新红杏，一夜东风感旧知。

人生，有许多次错过。

比如好景，比如缘分，比如月圆。

知道了错过的滋味，才会更加懂得珍惜。

诗中提及的"万春园",在纳兰的《渌水亭杂识》中有记载。文中说,在元代的京城里,海子旁边有个地方叫万春园,新科进士在登第的宴会之后,会前往这里集会。可惜,多年以后,早已踪迹难寻。

这次殿试,韩菼继会试得中头名后,再次独领风骚,高中一甲第一名,状元及第。纳兰卧病无法参加殿试,韩菼曾寄诗给他表示劝慰。获悉好友高中状元,纳兰在为其高兴的同时,难免暗自感叹。幸好,他还年轻。

徐乾学派人送来一筐樱桃。纳兰心里明白,老师这是在勉励自己。自唐朝开始,新科进士们便形成了以樱桃宴客的习惯,称为樱桃宴。直到明清,这种习惯仍然保持着。收到樱桃的纳兰,心里自是无比感激。老师明白纳兰,认可纳兰,在老师眼里,以纳兰之才,是理所当然的进士。为表示感激,纳兰填了首词回赠,即《临江仙·谢饷樱桃》:

绿叶成阴春尽也,守宫偏护星星。

留将颜色慰多情。分明千点泪,贮作玉壶冰。

独卧文园方病渴,强拈红豆酬卿。

感卿珍重报流莺。惜花须自爱,休只为花疼。

他说,惜花须自爱,休只为花疼。

意思是:怜爱花开,也须善自珍重,莫只为花落生悲。

往来之间,师生间的情意显露无遗。

许多个日子过去,纳兰的身体终于痊愈了。他走出了房间,走出了梦魇般的病痛,抖落一身的寒气,阳光照在身上,很暖和。经历了一次大病,他想了很多,把这世间的很多事细细思索了一遍,阳光下,他似乎开朗了许多，像是重生。

伸出手，让微风穿过指缝，依然那样轻柔，心底不禁一番喜悦。

依旧是那片湛蓝的天空，依旧是那个多姿的世界。

此后，纳兰每逢三、六、九日都会前往徐府，聆听徐乾学教诲，学问日益精进。他也经常与韩菼书信往来，纵论今古，言说盛衰起落。纳兰之才学，令韩菼赞叹不已。尽管如此，纳兰仍在不停钻研，边钻研，边思索。

整个世界，江山风月，烟雨尘埃，都可以盛放在文字里，却又永远盛放不尽。

毕竟，聚散离合，恩怨情仇，每天都是新的。

读万卷书，行万里路，也只能看到一隅之间的世界。

头白京国，算来何事消得

岁月，从未停止颠簸。

铁马金戈，黄沙碧血，是记忆，亦是伤痕。

是非成败转头空，青山依旧在，几度夕阳红。其实不过如此。

再喧闹的历史，后来总是了无声响。

那年，病愈后的纳兰勤勉读书，并且开始营造自己的书斋。外面的世界，却开始渐呈凌乱模样。君临天下的康熙皇帝，此刻正在为历史留给他的难题绞尽脑汁。三藩，无疑是一个让康熙帝寝食难安的问题。无论哪个朝代，有人拥兵自重，对朝廷来说都是极大的隐患。康熙皇帝，八岁登帝位，十四岁亲政，在帝位上安坐六十一载，绝不允许藩王割据一方，无视朝廷。

清朝初年，将降将有功者分封在一些南方省份，用来剿灭西南的南明残余势力和对抗台湾的郑氏政权，即平西王吴三桂，世代镇守云南，兼辖贵州；平南王尚可喜，世代镇守广东；靖南王耿精忠，世代镇守福建。上述三方势力合称"三藩"。三藩在所镇守的省份权力甚大，可以辖制、影响当地地方官员，并可掌控自己的军队，掌握地方税赋等。

如今，三藩已成尾大不掉之势。甚至，一定程度上可以与清廷分庭抗礼，成了清王朝内部极大的不安定因素。三藩拥有自己的军队、独立的财政，以及地方的实际统治权。平南、靖南二藩各有兵力十五佐领，绿营兵各六七千，丁口各两万；平西王所属兵力五十三佐领，绿营兵一万二千，丁口数万。

吴三桂自视功高盖世，兵强马壮，四方精兵猛将多归其部下，所以骄横跋扈，荒唐奢靡。在其要求下，清廷擢升其部将王辅臣为陕西提督，李本深为贵州提督，吴之茂为四川总兵，马宝、王屏藩、王绪等十人为云南总兵。此时，三藩势力几及全国之半。而且，三藩各据一方，互通声气，广布党羽，实际上已成为割据势力，严重威胁着清王朝的统治。

之前数年，三藩与朝廷之间的矛盾已从尖锐演变为激化。康熙十二年（1673）七月，吴三桂、耿精忠上疏请求撤藩，其实是在试探朝廷。康熙帝与群臣商议对策，大部分大臣主张安抚，只有明珠等三位大臣力主削藩。

康熙帝乾纲独断，决意削藩。明珠久居魏阙，洞察力惊人，早已明白了皇帝心思。不久后，康熙帝下令削藩。十一月二十一日，吴三桂起兵造反，杀云南巡抚朱国治，自称天下都招讨兵马大元帅，提出"兴明讨虏"，矛头直指朝廷。三藩之乱由此开始，一时狼烟四起。

战争，从来都是以生命为代价的。

所到之处，刀剑起落，战马嘶鸣，生灵涂炭于无声。

对于战争，纳兰是深恶痛绝的。他了解"醉卧沙场君莫笑"的豪情，也明白"马革裹尸是英雄"的无奈。他更清楚，所谓的碧血倾城，背后都是民不聊生。他有颗慈悲之心，总不愿生命凋零于战争的缝隙。

此时的他，经历了一场大病，心里澄净了许多。

他拥有了自己的书斋，为之取名"通志堂"，并且写诗以作纪念。

> 茂先也住浑河北，车载图书事最佳。
> 薄有缥缃添邺架，更依衡泌建萧斋。
> 何时散帙容闲坐，假日消忧未放怀。
> 有客但能来问字，清尊宁惜酒如淮。
>
> ——《通志堂成》

缥缃：缥，淡青色；缃，浅黄色，古时常以这两种颜色的丝卷作为书套或书袋，后因以代指书卷。邺架：唐李泌父承休，聚书两万余卷，戒子孙不许出门，有来求读者，别院供馔。所以韩愈有诗《送诸葛觉往随州读书》云："邺侯家多书，插架三万轴。"所以后人便以邺架称人之藏书。

诗中说"薄有缥缃添邺架"，是惋惜自己虽然拥有了一座书斋，却没有太多藏书。当然，他也希望，未来某天，能与朋友们来此，散帙闲坐，把酒清谈。

徐乾学的家中，藏有无数的儒家典籍，纳兰置身于其中，于一次次的流连忘返中，生出了一个想法，想把它们汇编成一部丛书。当纳兰把这个想法向徐乾学提出以后，出乎意料，徐乾学爽快地答应了。其实，徐乾学也有同样的想法，只是俗事羁绊，而此事又极耗心力物力，因此始终未能实施。纳兰才学出众，又有此愿望，自是最合适的人选。

纳兰欣喜若狂。他只有十九岁，却要主编这样一部经典丛书。他庆幸结识了徐乾学这位博学而又豁达的儒学大家。此时回想之前那段日子,纳兰突然觉得,那场突如其来的寒疾,倒像是上天特地铺排的一次机遇。若不是那场寒疾,他恐怕早已通过殿试,在某个低微的职位上虚度光阴了。很显然,对纳兰来说,与寄身仕途相比,纵情于书海要自在许多。

命运,总是在不经意间,给人哀叹,也给人惊喜。

往往,蓦然回首,幽暗的街巷里,竟有几点灯火亮着。

纳兰主编的这部书,就是《通志堂经解》。《通志堂经解》是清代最早出现的一部阐释儒家经义的大型丛书,收录了先秦、唐、宋、元、明经解一百三十八种,共计一千八百余卷。一经问世,就引起人们的重视。从内阁武英殿到厂肆书籍铺,一版再版。经师、通儒都以拥有这么一部大型丛书为幸。

对这部书,乾隆皇帝甚是喜爱,认为"是书荟萃诸家,典赡赅博,足以表彰六经"。因此,他借助编修《四库全书》之际,命令馆臣将《通志堂经解》"版片之漫漶断阙者,补刊齐全,订正讹谬,以臻完善",并作为《四库》底本刊布流传,用以"嘉惠儒林"。

然而,乾隆皇帝对这部书署名"纳兰成德校订"却存有异议。乾隆五十五年(1790),他特地颁布上谕,质疑纳兰主编《通志堂经解》一事。上谕大概内容是:康熙十二年,纳兰进士及第,年方十六岁。其父明珠在康熙年间,势焰熏天,翻云覆雨,与徐乾学相互交结,植党营私,并刊刻《通志堂经解》,冠以纳兰之名,以见其学问渊博。古称皓首穷经,即使是一代通儒,若非义理精熟,融会毕生所学,也无法完成这样一部巨作。以纳兰之年岁,却能广收博采,集经学之大成,实是可疑至极。

纳兰的父亲明珠曾结党营私，弟弟揆叙曾卷入皇子争夺储位斗争中，女婿年羹尧又因犯下重逆之罪被雍正帝处死。这些事，都让乾隆皇帝对纳兰一族颇有成见。他否定纳兰主编《通志堂经解》，有其个人成见作祟。而负责调查此事的军机大臣，为迎合皇帝意图，也并未实事求是。

纳兰于康熙十一年中举，次年在会试后，因病未参加殿试。当时，纳兰十九岁，军机大臣却言其只有十六岁，并且进士及第。当时，调查纳兰的行年并不难，有《八旗氏族通谱》可查，有纳兰成德《墓志铭》《神道碑铭》可考。而调查出的结果与事实如此不符，显然是故意为之。

当然，纳兰在编校《通志堂经解》过程中，得到了徐乾学、朱彝尊、严绳孙、顾湄、陆元辅等人的悉心帮助。纳兰也不否认这一点，他在《通志堂经解总序》中说明，这部书是"与同志雕版行世"而成的。尽管，被乾隆皇帝指斥欺世盗名，但纳兰俯仰无愧。为这部书，他付出了太多心力。幸好，他也因这部书名震士林。

迷雾散尽，历史的真相清晰可见。

皓月当空，照着他的身影和岁月的清白。

康熙十二年秋，徐乾学被降职放还家乡。起因是他在康熙十一年顺天会试任主考时，没有按规定的分配比例让足够数量的塞北学子中举，终于被人弹劾。同时被降职的还有当时和他一起任主考的蔡启僔。

官场风云变幻，纳兰了无兴致。只是，老师被贬离京，他却是十分不舍。他作诗《秋日送徐健庵座主归江南四首》，翌日离情尚不得自释，又作《即日又赋》一首。不过，这些诗都不如他写给蔡启僔的那首《摸鱼儿·送别德清蔡夫子》出名：

问人生、头白京国，算来何事消得。不如卷画清溪上，蓑笠扁舟一只。人不识。且笑煮鲈鱼，趁著莼丝碧。无端酸鼻。向歧路销魂，征轮驿骑，断雁西风急。

英雄辈，事业东西南北。临风因甚成泣。酬知有愿频挥手，零雨凄其此日。休太息。须信道、诸公衮衮皆虚掷。年来踪迹。有多少雄心，几翻恶梦，泪点霜华织。

这首词，写得大气豪迈，有稼轩风韵。
十九岁的纳兰，竟似历经了几十载的人生风雨。
他很年轻，却已了然：人生如梦，世事无常。
不如，扁舟蓑笠，来去湖湘。

诗酒且趁年华

野色湖光两不分，碧云万顷变黄云。
分明一幅江村画，着个闲亭挂夕曛。

——《渌水亭》

西风几度悲画扇

纳兰天性敏感，容易心生凄凉。幸好，因为率真清澈，为人坦荡慷慨，他有不少良朋知己。他所结交的，从严绳孙到姜宸英，从朱彝尊到顾贞观，皆是落拓不羁的江南文士。他与他们交往，不为文名倾世，不为虚图风雅，而是为了让自己的纯粹与天真，有个安放的地方。

诗酒趁年华

苏东坡说，诗酒趁年华。

性情旷逸之人，最喜诗酒清欢。

野径芳园，竹篱茅舍，把酒吟诵，说不尽的风流快意。

自然地，除了诗酒，这样的画面里少不得三五知己。

纳兰容若，以清澈的眼神和心性，观瞻世间一切的美好，再用悲伤的词句雕刻出来。而在这样心性、志趣指引下的纳兰，拥有很多纯粹的朋友。他所结交的朋友，并非王公贵胄子弟。他虽出身尊贵，但是心性恬淡，为人也很谦逊。他不屑于走狗斗鸡的纨绔子弟，不屑于争名夺利的官场禄蠹，不屑于高高在上的所谓贵族。

他所结交的，皆是落拓风雅之人，如顾贞观、朱彝尊、严绳孙、姜宸英、陈维崧。除了风雅，他们还有个共同点，就是真性情，少有机心。

纳兰十九岁这年，除了通志堂，还修建了一座庭园，他为之取名渌水亭。尽管如今对于渌水亭所在地的争议颇多，但无论它在京城内什刹海畔，还是在西郊玉泉山下，总是傍水之处。

纳兰将此庭园命名为渌水亭，一是因为有水，更是因为慕水之德以自比。词人取流水清澈、淡泊、涵远之意，以水为友、以水为伴，在此作诗填词，研读经史，著书立说，并邀客燕集，雅会诗书，极是风雅快慰。事实上，在纳兰辞世之时，也没离开他的渌水亭。

渌水亭建成后，纳兰写了首七绝《渌水亭》来纪念：

> 野色湖光两不分，碧云万顷变黄云。
> 分明一幅江村画，着个闲亭挂夕曛。

北京城里，繁华深处，日子散淡。

一份闲情，一份逸致，一份以文会友的心情。

这就是十九岁的纳兰为自己营造的淡净生活。

此时，除了被他引为知己的朱彝尊，纳兰还结交了严绳孙和姜宸英。

严绳孙，字荪友，号秋水、勾吴严四，晚号藕荡渔人，生于明天启三年（1623），无锡人氏。六岁能书径尺大字，以诗词书画闻名。二十多岁时，抛弃举子业，游历于山水之间，与朱彝尊、姜宸英被誉为"江南三布衣"。顺治六年（1649），参加由江南名士太仓吴伟业主盟的慎交社，结识了一批东南名流。顺治十一年（1654），与顾贞观、秦松龄等十人结云门社，时称"云门十子"。

姜宸英，明末清初书法家、史学家。字西溟，号湛园，又号苇间，浙江慈溪人。性情孤傲，始终郁郁不得志。二十岁赴科场，七十岁钦点探花，一条路走了整整半个世纪。

严绳孙与姜宸英，前者淡泊，后者孤傲，而且都比纳兰年长许多，却都与纳兰一见如故，很快便成了莫逆之交。显然，他们结交纳兰，并非因为他是权臣之子。而是因为，年轻的纳兰，如一轮明月，清澈见底；而且，气宇非凡，才华卓绝。

渌水亭建成后，严绳孙和姜宸英便成了这里的常客。饮酒赋诗，赏景倾谈，纳兰乐得如此。对他来说，身处这样的情境，远比受官场桎梏来得快活。他之所以修建渌水亭，除了喜欢临水坐卧，还有个重要的原因就是，可以来此与朋友们把酒言欢。

试想想，那是怎样的情景。几个知己好友，从不同的地方赶来，在这一繁华中的清净角落，天高云淡，草青人远，在秋风乍起时，在飞雪纷纷时，相对而坐，烹茶煮酒，谈诗论画，没有机巧，只有快慰平生。

在这样的画面里，他们可以将世间所有的纷扰忘却。

江南与塞北，豪放与婉约，一起在酒杯里醉。

对纳兰来说，这才是生活的味道。

纳兰喜欢这样的情景，他珍惜每一次与好友的相聚。世界凉薄，他那颗凄寒之心，需要春暖花开的地方。与好友相聚，安坐闲谈，填几首词，饮几杯酒，虽然知道聚散匆匆，但至少，可以给他些许慰藉。

从这年开始，纳兰用了三四年时间，搜集经史资料，将自己的心得，加上一些好友的见闻，整理成文，完成了一部《渌水亭杂识》。《渌水亭杂识》是纳兰散文类作品的代表作，包含历史、地理、天文、佛学、音乐、文学等多科知识，内容可谓海纳百川，包罗万象。纳兰在《渌水亭杂识》之小序说："癸丑病起，披读经史。偶有管见，书之别简，或良朋浥止，传述异闻，客去辄录而藏焉。逾三四年，遂成卷，曰《渌水亭杂识》。以备说家之浏览云尔。"

纳兰的成就主要在词，但对其思想的研究，则不应局限于词。词这种文学体裁，往往只反映作家思想的一个侧面。前人曾指出，仅读《醉翁琴趣外编》，就会以欧阳修为一味迷恋风月之徒；进一步读了他那些"论道似韩愈，论事似陆贽"的文章，才会知晓他还有严肃矜持的一面。

从纳兰的词来看，他纯乎是一个对社会生活态度冷漠、为儿女风情感伤太甚的多情公子，其实这也只是他思想的一个侧面。若再读他的诗文，尤其是他的《渌水亭杂识》，就会觉得与其词风迥异。

在《渌水亭杂识》中，见出纳兰踔厉风发、积极进取的心态，而没有词作中感伤悲凉的气息。这部书充分表明他对经世致用之学问的高度重视，对中外新知识的认真探求。他对包括自然与社会各方面问题都有许多卓有新意的见解，而且表现出超迈古今的气势。可以说，这种思想在他的爱情外，为我们还原了一个更加完整的纳兰容若。

在《渌水亭杂识》中，也有纳兰对诗词的见解。在文学上，性德是一个卓有才华和见解的人，他的文学主张散见于《渌水亭杂识》、致友人的书信以及《原诗》《填词》《赋论》等诗文中。

> 诗乃心声，性情中事也。发乎情，止乎礼义，故谓之性。亦须有才，乃能挥拓，有学乃为虚薄杜撰。才学之用于诗者，如是而已。昌黎逞才，子瞻逞学，便与性情隔绝。

纳兰强调创作应贯穿真情实感。

他说，诗乃心声，性情中事也；他说，诗取自适，何以随人。

他主张以真实的感情为诗歌创作的第一要义，坚决反对明代以来文坛流行的模拟风习，指出"万户同声、千车一辙"现象的根源在于"随人喜怒，而不知自有之面目"。

他认为真实的性情或感情只能来自具体的生活实践，"人必有好奇缒险、伐山通道之事，而后有谢诗；人必有北窗高卧、不肯折腰乡里小儿之意，而后有陶诗；人必有流离道路、每饭不忘君之心，而后有杜诗；人必有放浪江湖、骑鲸捉月之气，而后有李诗"，指出"无其情"便写不出好诗。

从《通志堂经解》到《渌水亭杂识》，我们看到，纳兰除了填词，除了把悲伤的情怀记之以词句，也喜欢编撰书籍。如果说填词让他的生命轻灵尽显，那么著书则让他的生命厚重平添。

值得一提的是，《渌水亭杂识》里面，还用不少笔墨写了纳兰对西学的看法。书中记载：中国的天官家说天河是积气，天主教的教士在前朝万历年间到了中国，却说气没有千古不动的道理。用他们的望远镜观测天河，发现那是一颗颗的小星星，历历分明。他直面西学的优点，直言不讳地说："西人历法实出郭守敬之上。中国曾未有也。"

可以想象，纳兰也会把他对西学的理解与好友分享，恐怕偶尔也会争得面红耳赤。当然，那些分歧改变不了他们之间的情谊。都是至纯至真的性情，写一首诗，和一首词，依旧是清风明月相伴，把酒笑平生。

遥遥望去，严绳孙来了，姜宸英来了。

后来，顾贞观也来了，朱彝尊也来了，陈维崧也来了。

三五知己，乘兴而至，尽兴而归，皆是半醉模样。

纳兰笑得粲然，像个孩子。

年华共江水，流去几时回

渌水亭里，诗酒翩跹。

外面的世界，已是一片凌乱。

大清帝国的土地上，战马嘶鸣，尘烟滚滚。屠戮与被屠戮，征服与被征服，在殷红的血迹中凝结成一种印记，叫风雨飘摇。无论何时，总有人为野心和私欲妄动兵戈，全然不顾百姓流离、生灵涂炭。

师出不可无名。吴三桂便打着推翻清朝、光复汉室的旗号。他写了篇《讨清檄文》，声称自己是大明托孤之臣，颇具煽动性，其中这样写道：

本镇独居关外，矢尽兵穷，泪干有血，心痛无声。不得已歃血订盟，许虏藩封，暂借夷兵十万，身为前驱，斩将入关，李贼逃遁。痛心君父，重仇冤不共戴，誓必亲擒贼帅，斩首太庙，以谢先帝之灵。

幸而贼遁冰消，渠魁授首。正欲择立嗣君，更承宗社封藩，割地以谢夷人。不意狡虏遂再逆天背盟，乘我内虚，雄踞燕都，窃我先朝神器，变我中国冠裳。方知拒虎进狼之非，莫挽抱薪救火之悞。本镇刺心呕血，追悔无及，将欲反戈北逐，扫荡腥气。

适值周、田二皇亲，密会太监王奉抱先皇三太子，年甫三岁，刺股为记，寄命托孤，宗社是赖。姑饮泣隐忍，未敢轻举，以故避居穷壤，养晦待时，选将练兵，密图恢复，枕戈听漏，束马瞻星，磨砺竞惕者，盖三十年矣！

无论借口如何冠冕堂皇，本质上来说，以吴三桂为首的三藩起兵，并无正义可言。江山万里，无论谁人做主，最重要的是百姓安居乐业。大清王朝建立三十年，已逐渐步入了盛世，此时三藩坐大并膨胀，继而引发兵祸，实属贪婪所致。

外面烽火连城，大清的朝堂上也正在就战与和两种意见争得不可开交。主张议和的不少大臣甚至提出，杀掉主战的明珠，与三藩议和。二十一岁的康熙帝稳坐龙椅之上，遥指西南大地，威严地做出了决定。对明珠来说，这是意料中的事情。这大概是他一生最重要的赌局，性命攸关，虽然早已洞察了皇帝所想，仍是心有余悸。

此时，纳兰在渌水亭里，因一个知县的死而沉思着。康熙十二年（1673），吴三桂叛乱，广西将领孙延龄附应吴三桂攻打富川城。富川陷落后，县令刘钦邻率家丁四十余人与叛军展开激烈的巷战，终因寡不敌众被捕。叛军欲授官印诱降，刘钦邻将官印掷之于地并予怒斥，叛军于是将其打入重牢。

其后，刘钦邻写下了《绝命诗》《殉难诗》两首，乘守卒不备，自缢殉节。不久后，他被朝廷追赠为太仆寺少卿，赐谥"忠节"。其子刘孚因父功而任知县，后又升郎中。对纳兰来说，刘钦邻是为平叛而死，死得其所，他写了首《挽刘富川》：

> 人生非金石，胡为年岁忧？有如我早死，谁复为沉浮？
> 我生二十年，四海息戈矛。逆节忽萌生，斩木起炎州。
> 穷荒苦焚掠，野哭声啾啾。墟落断炊烟，津梁绝行舟。
> 片纸入西粤，连营倏相投。长吏或奔窜，城郭等废丘。
> 背恩宁有忌，降贼竟无羞。余闻空太息，嗟彼巾帼俦。
> 暗淡金台望，苍茫桂林愁。卓哉刘先生，浩气凌牛斗。
> 投躯赴清川，喷薄万古流。谁过汨罗水，作赋从君游。
> 白云如君心，苍梧远悠悠。

纳兰单纯，对于政治之事知之甚少。

他所希望的，就是兵戈止息，还黎民以太平。

而现在，战乱正是如火如荼之时。身在渌水亭里，纳兰几乎能看到西南方的狼烟、刀剑与血迹。那是一种令人震颤的气息，从远方席卷而来，直入他的心门。他很不平静，尽管他并未见过尸骨成堆、血流成河的悲惨画面。但他知道，战争就是这样的惨象。

战鼓声声，很远却似很近，敲得他心乱如麻。这天，纳兰一口气写了十三首诗，即《记征人语》。他说，征人自是无归梦，却枕兜鍪卧听潮；他说，一夜寒砧霜外急，书来知有寄衣无；他说，西风不解征人苦，一夕萧萧满大旗；他说，衡阳十月南来雁，不待征人尽北归。

然后，意犹未尽，又写了两首词。

此日此夜，他的心不为自己而伤，而是为战争中的人们。

鸳瓦已新霜，欲寄寒衣转自伤。

见说征夫容易瘦，端相。梦里回时仔细量。

支枕怯空房，且拭清砧就月光。

已是深秋兼独夜，凄凉。月到西南更断肠。

——《南乡子·捣衣》

堠雪翻鸦，河冰跃马，惊风吹度龙堆。阴磷夜泣，此景总堪悲。待向中宵起舞，无人处、那有村鸡。只应是、金笳暗拍，一样泪沾衣。

须知今古事，棋枰胜负，翻覆如斯。叹纷纷蛮触，回首成非。剩得几行青史，斜阳下、断碣残碑。年华共、混同江水，流去几时回。

——《满庭芳》

战争冰冷，他无力化解。

只能以深情的笔，向被无辜卷入战争的人们聊寄关怀。

对战争中人们的无奈与悲哀，同样感同身受的还有许多人。无数的汉族文人，对平定三藩的战争是怀着矛盾心情的。吴三桂打着恢复汉室江山的旗帜，曾几何时，这也是汉族文人共同的心愿，甚至有不少人为此不惜铤而走险。但是现在，他们中的大多数已打消了念头，是臣服，亦是看透。

所谓的汉夷之分，不过是一种执念。无论谁主宰沉浮，都是岁月的一种托付。但能使河清海晏，黎民安乐，便是圣明之朝。与之相比，制造纷争和战乱，置百姓生死于不顾的人，无论系出何族，都应被谴责和征讨。

朱彝尊，这个落魄江湖多年的江南文人，就是这样的认知。

为罹难于战火的百姓而忧心，纳兰是这样，朱彝尊也是这样。

某天，朱彝尊收到从明珠府寄来的一封信，署名纳兰成德。他很是惊讶，继而心生欢喜。那个豪门贵公子的信写得文雅谦逊，让这四十几岁的寂寞文人顿生结交之意。不为别的，只为性情。

未久，朱彝尊亲自登门拜访了纳兰。

同样的惊才绝艳，同样的磊落光明。于是相见恨晚。

秉烛而谈，从尘世纷扰谈到了人生如梦。终于，落到了诗词上。

诗词的世界，从来没有长幼之别，只有情趣相投与否。朱彝尊年长纳兰二十六岁，但这并不妨碍他们一见如故。他们就那样海阔天空地闲谈着，不知不觉东方既白。纳兰对朱彝尊仰慕已久，而朱彝尊初见纳兰，便被其满身的灵气深深打动，那依稀就是他年轻时候的模样。因此，那日的他们相谈甚欢。从此，朱彝尊也成了明珠府的常客。渌水亭诗酒流连的画面里，总有他沧桑的身影。

那是一个清逸的世界，只属于诗词歌赋和明净情怀。

那里，有云月，有诗酒。没有尘烟，没有喧嚷。

还有各自携带而来却又悄然消逝的孤独。

有时候，朱彝尊也会邀请纳兰出游，纵情于京城的山水之地。他们知道，这样的情节早在九百多年前就出现过。那时候，酒是温的，诗是暖的，所见皆是风景。故事的主角，一个是李白，一个是杜甫。

这天，纳兰和朱彝尊来到了西郊的冯氏园。

兴之所至，朱彝尊吟出一首《鹧鸪天》，像是回到了年少时期。

莫问天涯路几重。青衫侧帽且从容。

几回宿酒添新酒，长是晨钟待晚钟。

情转薄，意还浓。倩谁指点看芙蓉。

行人尽说江南好，君在巫山第几峰。

——《鹧鸪天》

纳兰忆起离世不久的一代文宗龚鼎孳，不胜感伤。

从前，龚鼎孳常来冯氏园看海棠，多有应景寄情之作。

海棠依旧，斯人已逝。有感于此，纳兰所填《浣溪沙》很是凄凉：

谁道飘零不可怜，旧游时节好花天。断肠人去自今年。

一片晕红疑著雨，晚风吹掠鬓云偏。倩魂销尽夕阳前。

对纳兰来说，朱彝尊经常到来，有个好处就是可以协助他编纂《通志堂经解》及《渌水亭杂识》。有这满腹经纶的江南才子相助，他自然会轻松许多。而朱彝尊当然义不容辞。只因，相识不久，他们已成莫逆。

当然，渌水亭里，最动人的仍是诗酒翰墨交织的情节。

所有的孤独与欢畅，都在酒杯里，摇曳成了平平仄仄的句子。

去留无意，宠辱不惊，是这样的自在。

看尽一帘红雨，为谁亲系花铃

不知不觉，纳兰二十岁了。

才华与性情，都长成了风景，流连者络绎。

康熙十三年（1674），依照《礼记》所载，纳兰在叶赫那拉氏的家庙里，进行了严格的冠礼。尽管他是旗人，但是从小受的是汉文化的熏陶，所以在步入成年的时候，他用那样严肃的仪式，为自己的青春岁月画上了句号。

从那日开始，纳兰有了自己的字：容若。

他成年了。但我们知道，他仍是那个临风吟唱的少年。

眼神纯净，灵魂清澈。无论何时，他都是如此。

只不过，步入成年，就意味着责任与担当，有些事他无法回避。科考的路尚未走完，而眼前最重要的事情，是他的婚事。过去那几年，关于他的婚事，早已沸沸扬扬。直到此时，终于有了定论。纳兰要迎娶的，是曾经的两广总督卢兴祖的女儿。

卢兴祖，汉军镶白旗人。康熙四年（1665），奉旨接替李栖凤担任广东总督，该官职全名为"总督两广等处地方提督军务、粮饷兼巡抚事"，是广东地区之最高统治者，亦为清朝封疆大吏之一。不久后，该官职再度改制，名称改为广东广西总督，兼摄广西地区政务。卢兴祖为新职称的首位官员。康熙六年（1667），卢兴祖因诈贿案而死。

显然，没落的卢家与炙手可热的纳兰家族并非门当户对。明珠之所以选择与之结亲，大概是因为当年卢兴祖在京为官时，两人交情笃厚。

对于婚姻之事，纳兰没有什么概念，更不会表现出兴奋。他仍在渌水亭里忙碌着，有知交好友，有风清月朗，有诗情酒意。于他，似乎这已是完满的日子。当然，偶尔他会想起深宫内的那个女子。

莫把琼花比淡妆，谁似白霓裳。别样清幽，自然标格，莫近东墙。

冰肌玉骨天分付，兼付与凄凉。可怜遥夜，冷烟和月，疏影横窗。

——《眼儿媚·咏梅》

一生一代一双人，故事早已成霜。

而故事里的人，还在回忆里跋涉着，人们称之为深情。

从前的一帧帧画面，总会在不经意间闪过脑海。甚至，连表妹手心的温度，他都还记得。可是光阴似箭，转眼那已经是三年前的事了。那时候，本来还想着下次见面时为她作首词，没想到竟然来不及。

三年过去了，她是否安好，是否适应了宫中的冷落生活，是否仍会时常忆起这个伤心的表哥？纳兰尽力不让自己回忆，却又忍不住回忆。他知道，以表妹的性格，在宫里定然不会过得快乐。然而，好与坏，冷与暖，终是了无消息。

这就是纳兰，尽管那段感情已经过去了数年，尽管他们早已缘尽，尽管那些回忆已经变得凄冷，他的心仍能为从前那些颤抖和悲切。所以，他注定为情所伤。

纳兰知道，身为明珠府长子，娶妻生子是无论如何都要面对的。但他真的很迷茫。卢氏是否娴雅，是否能懂得他的悲喜，是否能与他诗酒酬唱，他无法确定。就像是即将踏足一处风景，却不知，其中到底是风轻云淡还是山重水复。

虽然纳兰家族与卢氏家族都是八旗身份，但沉迷于汉文化的纳兰，坚持按照汉人礼仪完成了繁复的婚礼。那日，宾朋满座，花团锦簇，灯火辉煌，一切都井然有序。

喧闹的人群中，纳兰却感到了几分孤独。

他总是这样，即使身处喧嚣，也会突然沉默，好似孑然。

这个夜晚，只有确定所娶女子是可心之人，他的孤独才会瓦解。

拜堂完毕，纳兰牵着凤冠霞帔的新娘子步入了新房。新房里十分安静，就连彼此的心跳都依稀可闻。纳兰恍如身在梦里，只是不知，是否是一场好梦。

带着几分慌乱和忐忑，纳兰揭开了新娘的盖头。

那是一张秀美的脸，小晕红潮，笑靥微微，双眸剪水。

竟然是她。揭开盖头的刹那，纳兰呆住了，然后是欢喜。

三年前，在郊外，夕阳西下。他见到了若干女子，却只留意到其中一个，并且为她填了首词。这是他心底的秘密。只有他自己知道，那首作为"秋水轩唱和"之作的《贺新凉》，确是为她所写。他也记得，那日临走前，她眼神中隐隐闪过的不舍。

蜀弦秦柱不关情，尽日掩云屏。已惜轻翎退粉，更嫌弱絮为萍。

东风多事，馀寒吹散，烘暖微醒。看尽一帘红雨，为谁亲系花铃？

——《朝中措》

看尽一帘红雨，为谁亲系花铃。

表妹入宫后，落寞的纳兰曾无数次这样问自己。

如今，终于有了答案。便是眼前这个女子。

三年了，她仍如那日，素雅，淡净。

惊喜过后，纳兰凝望自己的新娘，她也正在羞涩地望着他。四目相对，她浅笑着低声问道："怎么，不认识了吗？"纳兰记得这个声音。他简单地回了句："原来是你。"

张爱玲在她的小说《爱》中这样写道："于千万人之中遇见你所要遇见的人，于千万年之中，时间的无涯的荒野里，没有早一步，也没有晚一步，刚巧赶上了，那也没有别的话可说，惟有轻轻地问一声：'噢，你也在这里吗？'"

尘缘就是如此，来去无踪，却又不偏不倚。

万水千山，总能坚定越过。只为，一场注定的相逢。

人们说，世间所有相遇，都是久别重逢。大概的确如此。

关于卢氏，《皇清纳腊室卢氏墓志铭》里记载："生而婉娈，性本端庄，贞气天情，恭容礼典。明珰佩月，即如淑女之章，晓镜临春，自有夫人之法。"作为墓志铭，难免有溢美之词。不过，可以肯定，卢氏纵无倾城之貌，也定是个温婉娴静的女子。

那夜，是初见，亦是重逢。彼此欢喜。

天地之间，仿佛只剩下两个人。便是他和她。

纳兰曾经想，那次的邂逅只是人生中一次匆忙的瞥见，过去了，从此只剩一抹疏离回忆。当然，他也这样想过，若尘缘有定，他们还能重逢于某个灿烂的日子。只是没想到，竟是新婚之日，红烛之下。

至于卢氏，对纳兰早有耳闻，对他的词更是熟稔。在他的词里，她了解了他的清澈与悲伤。她曾暗自想过，若能为这才子倾尽温柔，该是三生之幸。三年前的那次相逢，纳兰的俊逸和优雅，都让她心动不已。她的心里，早已偷偷地为他留出了空间。她总是盼着，纳兰蓦然间走入她的世界，带着与生俱来的悲伤。她愿意，以女子的温柔，煨暖他荒年的心事。

爱如灯火，可以照彻黯淡长夜。

至少在熄灭之前，山水渔舟都宛然可见。

很多时候，尤其是旧时代，爱情算是奢侈品，可遇而不可求。那时候，纵然有爱情，也往往羞于言说。更多的时候，男女之间只有婚姻，最多是长年相濡以沫后的相互依存。真正的爱情几乎难寻。而纳兰，在一场并非心甘情愿的大婚仪式后，于烛火之下，与那可心女子蓦然重逢。这是爱情里的情节。就此来说，上天对他也不算太薄。

旋拂轻容写洛神，须知浅笑是深颦。十分天与可怜春。

掩抑薄寒施软障，抱持纤影藉芳茵。未能无意下香尘。

——《浣溪沙》

纳兰悲凉，少有这样欢愉的词句。

但是，因为曾经以为结了尾的故事有了续集，他止不住欢喜。

在他心里，眼前的卢氏几乎可以与曹植笔下的洛神相比。

曹植在《洛神赋》中写道："荣曜秋菊，华茂春松。仿佛兮若轻云之蔽月，飘摇兮若流风之回雪。远而望之，皎若太阳升朝霞；迫而察之，灼若芙蕖出渌波。秾纤得衷，修短合度。肩若削成，腰如约素。延颈秀项，皓质呈露。芳泽无加，铅华弗御。云髻峨峨，修眉联娟。丹唇外朗，皓齿内鲜，明眸善睐，靥辅承权。瑰姿艳逸，仪静体闲。柔情绰态，媚于语言。"难免太过夸耀。

倒是眼前这女子，嫣然巧笑，秀雅端丽，美得恰到好处。

夜已深，人已静。月光清朗，照着两个沉静的身影。

蜡烛若是有心，应该知道那是幸福的模样。

谁怜辛苦东阳瘦

愿使岁月静好，现世安稳。

胡兰成与张爱玲结婚时，曾这样许诺。

然而，张爱玲愿意为胡兰成剔去一身傲骨，为这男子低到尘埃里，而心里是欢喜的，从尘埃里开出花来；而胡兰成，风流成性，情比纸薄，终将这诺言演绎成了薄情的笑话。

所有你侬我侬，都有人走茶凉之时。

有时候，输给薄情；有时候，输给造化。

不管怎样，开始的时候，爱得炽烈，恨不得融入彼此的生命。

新婚宴尔，纳兰与卢氏皆因重逢而欢喜。纳兰知道，他那颗伤感的心，终于有了取暖之处。他的妻子，这个十八岁的女子，静雅有之，贤淑有之。当然，他更希望，她能成为他的知己，知他冷暖，懂他悲喜。事实证明，她的确如此。荒凉人世，他的孤独与悲伤，都在她的温柔里，化作了安恬。

两心相契的时刻，纳兰忍不住说起了表妹，甚觉不合时宜。没想到，卢氏只是淡淡地说了几个字：我知道。没错，我知道。你的欢喜忧伤，你的深情寂静，我都知道。所以我来了，来赴这前生的约。

> 十八年来堕世间，吹花嚼蕊弄冰弦。多情情寄阿谁边？
> 紫玉钗斜灯影背，红绵粉冷枕函偏。相看好处却无言。

——《浣溪沙》

相看好处却无言。

于是，就这样沉默着，倾听彼此。无言的默契。

他想，此生要尽力呵护她；她想，此生要全心温暖他。

歌里这样唱道："往后余生，风雪是你，平淡是你，清贫也是你，荣华是你，心底温柔是你，目光所至，也是你。"这首《往后余生》，感动了许多人，因其温暖。作者马良说："人生总是充满了惊喜和失落，有恰到好处的遇见，也有撕心裂肺的怀念。但时间总是向前，没有一丝可怜，不论剧终还是待续，愿你都能以梦为马，不负此生。"

我们会在合适的时候，遇见该遇见的人，也会在该分离的时候，不得不和陪伴过一段路的人挥手道别，哪怕再不舍，也只能说再见。尘缘如谜，我们能做的只是，珍惜眼前之人，珍惜相聚相随的日子。

新婚次日，当阳光照进他们的新房，纳兰转身发现妻子没在身边。透过窗户他看到，那个娇柔的身影，在窗前那株梅花树前，披着一件红色的披风，仔细地端详着一树梅花。隔着窗望去，宛如人在画里。纳兰不禁看得发呆了。她端详的神态里，尽是恬静。纳兰知道，她的心是透明的、单纯如水的，如他自己。

欧阳修有首《南歌子》，可谓写尽了新婚宴尔的情趣。

凤髻金泥带，龙纹玉掌梳。走来窗下笑相扶，爱道："画眉深浅入时无？"
弄笔偎人久，描花试手初。等闲妨了绣工夫，笑问："鸳鸯两字怎生书？"

偶尔，她挽着他的手臂，亲昵地问眉毛画得如何。

偶尔，她摆弄着笔管依偎着他，笑问鸳鸯两个字怎样写。

新婚的幸福大抵如此，几分温柔，几分缱绻。

纳兰与妻子的生活，多了几分书香。于琴棋书画，于诗词歌赋，卢
氏都颇有见地。她喜欢陪着纳兰读书。她喜欢他读书时认真的样子，喜
欢为他烹上一壶茶，然后静静地坐在他身边，做些绣活或者也看看书。
乏累的时候，便各自停下来，悠然谈笑。纳兰喜欢凝望着妻子，看她巧
笑嫣然。

他也喜欢把自己写的词给她看，听她评点。

当他递给她那首《金缕曲》的时候，她的眼圈湿润了。

疏影临书卷。带霜华、高高下下，粉脂都遣。别是幽情嫌妩媚，红
烛啼痕休泫。趁皓月、光浮冰茧。恰与花神供写照，任泼来、淡墨无深
浅。持素幛，夜中展。

残钉缺掩过看逾显。相对处、芙蓉玉绽，鹤翎银扁。但得白衣拾慰
藉，一任浮云苍犬。尘土隔、软红偷免。帘幕西风人不寐，恁清光、肯
惜鹣裘典。休便把，落英剪。

三年前那日，在纳兰离开后，她的同伴们猜测了许久。

直到现在，他才终于确认，这首词的确是为她而写。她觉得幸福。

整个房间都盛不下她的幸福。就像你拥有一个苹果，突然发现，苹果在很早以前就被刻上了你的名字。

汤显祖在《牡丹亭》的题记中这样写道："情不知所起，一往而深，生者可以死，死可以生。生而不可与死，死而不可复生者，皆非情之至也。"情之一物，看似无形，却能在悄然间深入心骨。当然，杜丽娘为情而死，又能为情而复生，终究只是故事。真实的生活里，为情而生的人毕竟太少。

有件事让人颇觉得别扭。纳兰新婚后不久，明珠夫妇又为他娶了个庶妻。纳兰定然极不情愿，但身为长子，为了家族子嗣考虑，他无法拒绝。这位庶妻，家世已难以考证，只知道她姓颜，想必也是个知书达理的女子。但她，注定不能成为纳兰情感世界的主角。她纵然美丽贤惠，但纳兰情有所专，定不会心有旁骛。他对她，只能是善待。

现在，有个红颜相伴，纳兰甚觉满足。

只不过，他骨子里的伤感，仍蛰伏于幸福深处。

对他来说，世界终究是空旷和孤独的。

妻子了解他。一个敏感的词人，总会在不经意间将心底的孤独抖出来，晾晒在日光之下。她总是尽可能地陪在他身边，陪他说笑，与他把盏。偶尔为他弹琴，偶尔陪他吟诗，偶尔陪他泛舟，日子平静而写意。

总是在想，若就这样，岁月静好，现世安稳，多好。

总是在想，若没有命运的拨弄，从少年到白头，多好。

可我们，敌不过生活。聚散皆属于造化。

此时的纳兰，也不能沉湎于儿女情长。他还有一件重要的事情要准备，那便是科举。对于功名，他始终淡泊。但读书这件事，他总愿意沉心。经过几年的不懈努力，《通志堂经解》终于完成。上至皇帝，下到文武百官都交口称赞，纳兰的才名轰动朝野。

对于纳兰的才情，康熙帝早有耳闻，也已知晓，纳兰因病错过了殿试。看到纳兰编纂的《通志堂经解》，惊叹之余，康熙帝迫不及待地想要一睹纳兰风采了。

康熙十四年（1675），纳兰长子出生，取名富格，为颜氏夫人所出。十月，明珠转吏部尚书。十二月，皇子保成被立为太子，为避其名讳，纳兰改名性德。次年，太子改名胤礽，纳兰又改回了旧名成德。

这一年，经严绳孙介绍，纳兰与秦松龄相识。秦松龄字汉石，又字次椒，号留仙，又号对岩，晚号苍岘山人，是王次回外孙，无锡人。顺治十二年（1655）进士。后因奏销案被削籍。在庶常馆期间，顺治帝召试《咏鹤》诗，秦松龄有"高鸣常向月，善舞不迎人"之句，顺治帝对阁臣说："是人必有品。"

削籍后，曾从军荆襄，总督蔡毓荣请于军中讲学，士卒无不耸听。归里，耽研经训，尤深于诗。秦松龄家有园在惠山之麓，闲暇时邀集故人遗老，唱和其中。与王士禛同年友善，常缄诗一编，题曰《寄阮集》。著有《苍岘山人文集》六卷，诗集五卷，《微云词》一卷，及《毛诗日笺》六卷。

纳兰生平，这段时间是最热闹也最快乐的。

家有知己红颜，可以赌书泼茶；渌水亭里人来人去，诗酒从未冷去。

无疑，对纳兰来说，那是明亮的日子。

康熙十五年（1676），纳兰补行了殿试，考中了二甲第七名进士。明珠府再次张灯结彩，宴请宾朋来庆贺纳兰高中。纳兰却格外冷清。他不喜欢热闹，亦不喜欢众星捧月的感觉。只有卢氏，这个细心而体贴的女子，知道纳兰心里的落寞。

> 桃花羞作无情死，感激东风。吹落娇红，飞入窗间伴懊侬。
>
> 谁怜辛苦东阳瘦，也为春慵。不及芙蓉，一片幽情冷处浓。

——《采桑子》

东阳即南朝沈约，因其曾为东阳太守，故也称沈东阳。

姚思廉在《梁书·沈约传》中记载，沈约曾在书信中说自己日渐清减，腰围瘦损。此事便成了典故，如李后主的名句：沈腰潘鬓消磨。纳兰与沈约相似，除了姿容与才情，他们都有着天生的感伤和易病的身体。而文人的悲伤，又往往少有人懂。

因此纳兰说，谁怜辛苦东阳瘦，也为春慵。处在喧哗的人群中，纳兰是落寞的。他出身高贵，才华满腹，此时又高中进士，本来是志得意满之时，却未见得多欢喜。孤独，是他的气质；憔悴，是他的样子。很多时候，没有原因。幸好，有个知冷知热的女子在他身边。他一声叹息，她已明了他的悲愁。她懂他的悲喜。

若无俗事牵绊，两个人执手到老，醉心山水琴诗，就好了。就像歌里唱的那样：往后余生，风雪是你，平淡是你，清贫也是你，荣华是你，心底温柔是你，目光所至，也是你。

可是，生命如舟，漂流于海上，谁都不知道何时有风浪。

很多人想过，往后余生，都是你。你不离，我不弃。

可是最后，说好的一生，提前散了场。

曲未终，人已远。

共君此夜须沉醉

活在人间，总有东西要承载。

有人承载声名，有人承载情义。有人承载风花雪月，有人承载柴米油盐。

纳兰之所以被无数人敬慕，除了他绝世的才华，还因为他重情重义，对良朋知己，对所爱之人，都不愿亦不舍得辜负。他活得萧瑟，却始终有颗赤诚之心。

康熙十五年春，纳兰考中进士，不过并未立即被任用。这样也好，对于仕途，他本就没有多少念想。他虽未踏足其中，却深知官场如战场，那里多的是尔虞我诈，少的是月白风清。暂时赋闲，他可以过几天安逸的小日子，流连花前月下，纵情诗酒林泉。

这年春夏间，有个人从江南出发，风尘仆仆地来到了京城。

他就是顾贞观，四十岁，萧瑟而又不失飘洒。

十年才一觉，东华梦、依旧五云高。忆雉尾春移，催吟芍药，蟾头晚直，待赐樱桃。天颜近、帐前分玉甀，鞍侧委珠袍。罢猎归来，远山当镜，承恩捧出，叠雪挥毫。

宋家墙东畔，窥闲丽、枉自暮暮朝朝。身逐宫沟片叶，已怯波涛。况爱闲多病，乡心易遣，阻风中酒，浪迹难招。判共美人香草，零落江皋。

——顾贞观《风流子》

无锡顾贞观，是纳兰最重要的朋友。

才华满腹，性情高致。然而，难容于繁华俗世。

五年前，他曾来过京城。但那次，纳兰与他错过了。

此番入京，不为寻胜访友，不为重入仕途，而是为了营救一位远方的朋友，就是吴兆骞。多年以前，他们曾纵情于江南云水之间，临风把盏，纵情五湖。但是后来，吴兆骞因丁酉科场案下狱，继而被流放宁古塔。转眼间，十八年过去，仍是天涯相隔。

顾贞观记得，吴兆骞性情狂傲，不惧礼法，曾对汪琬引古人语云："江东无我，卿当独秀。"在慎交社，吴兆骞的疏狂纵逸，少有人与之匹敌。

顾贞观记得，十八年前的春天，吴兆骞自京城远赴塞外，送行之作遍于天下。吴伟业写有《悲歌赠吴季子》，其中写道："人生千里与万里，黯然销魂别而已。君独何为至于此？山非山兮水非水，生非生兮死非死。十三学经并学史，生在江南长纨绮。词赋翩翩众莫比，白璧青蝇见排抵。一朝束缚去，上书难自理。绝塞千里断行李。送吏泪不止，流人复何倚？彼尚愁不归，我行定已矣。"

当然，顾贞观也记得他对好友的承诺。当年，吴兆骞临走时，顾贞观立下了"乌头马角终相救"及"必归季子"的誓言。可惜，十八年来，他虽多方奔走，怎奈世态炎凉，人情冷暖，营救之事始终没什么进展。

宁古塔，并非塔名，而是地名，在今天黑龙江牡丹江下辖市宁安，宁安的满语就叫宁古塔。这里是满洲人先祖的故地，算是满洲人的龙兴之地。在清朝，对朝廷官员来说，"宁古塔"三个字可谓谈之色变。从北京到宁古塔，有四千里路程。被流放的人曾说："人说黄泉路，若到了宁古塔，便有十个黄泉也不怕了！"

几千里的风餐露宿结束后，苦难才刚开始。宁古塔气候寒冷，所谓"宁古塔寒苦，天下所无"，土地贫瘠，生存条件极其恶劣。想逃跑也不可能，这里森林沼泽遍布，又有野兽四处出没，逃跑之人即使不被冻死，也极可能葬身野兽之口。因此，甚至有不少人在发配前就选择自我了断，以避免忍受更长的苦难。

吴兆骞的信，写得悲怆："塞外苦寒，四时冰雪，……鸣镝呼风，哀笳带雪""一身飘寄，囊空半文""双鬓渐星，妇复多病，一男两女，藜藿不充，回念老母，茕然在堂，迢递关河，归省无日……"顾贞观无比愧疚。于是，虽然希望渺茫，他还是再度入京。为了营救朋友，他愿意倾尽心力。正因为他是这样的赤诚之人，才会与纳兰一见如故。

顾贞观，字远平、华峰，亦作华封，号梁汾，江苏无锡人。生性狷介，为人有侠气。工诗文，词名尤著，著有《弹指词》《积书岩集》等。顾贞观与陈维崧、朱彝尊合称明末清初"词家三绝"，同时又与纳兰容若、曹贞吉共享"京华三绝"之誉。

明崇祯十年（1637），顾贞观出生于无锡。曾祖顾宪成，是晚明东林学派的领袖；祖父顾与沐，四川夔州知府；父亲顾枢，才高学博，为东林学派另一领袖高攀龙的门生。母亲王夫人也是生长于诗书之家。顾贞观天生聪颖，幼习经史，尤喜古诗词。少年时代，他便参加了由吴兆骞兄弟主盟的"慎交社"。该社中他年纪最小，却"飞觞赋诗，才气横溢"，与声望甚隆的吴兆骞齐名，并结为生死之交。顺治十一年（1654），又与同乡数人结"云门社"于家乡无锡惠山，此社会聚了姜宸英、汪琬、汤斌等江南诸多名士。

顺治末年，顾贞观辞亲远游，到达京师，康熙元年（1662）以"落叶满天声似雨，关卿何事不成眠"之句而受知于尚书龚鼎孳和大学士魏裔介。康熙三年（1664），顾贞观任秘书院中书舍人。康熙五年（1666）中举，改任国史院典籍，官至内阁中书。康熙十年（1671），因受同僚排挤，落职归里，自称"第一飘零词客"。

那些年，每次收到吴兆骞的来信，顾贞观既欣慰又不安。

为了营救好友，他不遗余力，却终是杯水车薪。

写给吴兆骞的两首《金缕曲》，感人肺腑：

季子平安否？便归来、平生万事，那堪回首！行路悠悠谁慰藉，母老家贫子幼。记不起、从前杯酒。魑魅搏人应见惯，总输他覆雨翻云手。冰与雪，周旋久。

泪痕莫滴牛衣透。数天涯、依然骨肉，几家能够？比似红颜多命薄，更不如今还有。只绝塞、苦寒难受。廿载包胥承一诺，盼乌头马角终相救。置此札，君怀袖。

我亦飘零久。十年来、深恩负尽，死生师友。宿昔齐名非忝窃，试看杜陵消瘦，曾不减夜郎僝僽。薄命长辞知己别，问人生到此凄凉否？

千万恨，为君剖。

　　兄生辛未吾丁丑。共些时、冰霜摧折，早衰蒲柳。词赋从今须少作，留取心魂相守。但愿得、河清人寿。归日急翻行戍稿，把空名料理传身后。言不尽，观顿首。

　　这两首词，对患难好友，悲之深，慰之至，叮咛慰藉，无一字不是发自肺腑，因是至情至性之作，所以被人传诵为"赎命词"，可谓清词中的压卷之作。后来，吴兆骞被释归来，到明珠府上拜谢，在一间屋内白壁上，见到题字："顾梁汾为松陵才子吴汉槎屈膝处"，方知顾贞观为他的生还竭尽了心力。知交之情，该是如此。

　　现在，为了营救知己吴兆骞，顾贞观再次北上，得遇另一个知己。

　　相逢，对于同样性情的两个人，便是一场盛宴。

　　五年前秋水轩唱和时，顾贞观来过京城。彼时，十七岁的纳兰与他擦身而过。但他的才名与性情，纳兰仰慕已久。尽管，顾贞观是为了营救好友而结识纳兰，但这并不影响他们成为最好的朋友。与他们的情谊相比，那些细枝末节不值一提。

　　顾贞观的好友，比如严绳孙和姜宸英，也是纳兰的好友。因为他们，顾贞观了解到，权臣纳兰明珠的公子纳兰容若，才华出众，心性纯正，好结交风雅之人，有君子之风，亦有侠义心肠。营救吴兆骞，须得朝廷中举足轻重的人物相助才有希望。因此，顾贞观想到了纳兰，希望通过他借明珠之力，哪怕只有一线希望。

　　渌水亭，纳兰与顾贞观见面了。

　　都是落拓清雅之人，初见的情景疏疏落落。

　　从诗词风月到世事今古，把盏倾谈，甚是欢畅。

　　因为性情投契，所以相见恨晚。几天后，纳兰为顾贞观的《侧帽投壶图》题了首《金缕曲》。据顾贞观回忆："岁丙辰，容若年二十有二，乃一见即恨识余之晚，阅数日，填此曲为余题照。"

　　德也狂生耳。偶然间、缁尘京国，乌衣门第。有酒惟浇赵州土，谁会成生此意。不信道、遂成知己。青眼高歌俱未老，向樽前、拭尽英雄泪。君不见，月如水。

　　共君此夜须沉醉。且由他、蛾眉谣诼，古今同忌。身世悠悠何足问，冷笑置之而已。寻思起、从头翻悔。一日心期千劫在，后身缘、恐结他生里。然诺重，君须记。

——《金缕曲·赠梁汾》

　　这首词上片言风尘京洛，乍逢知己，青眼相加，门第并不能成为障碍；下片说两人以心相许，郑重约为知己，哪怕风云变幻，情谊不会动摇。全词慷慨淋漓，跌宕生姿，与纳兰词之凄婉缠绵颇为不同，将重交谊、笃友情之执着展露无遗。

　　情谊太深，一生不够。于是纳兰说，"一日心期千劫在，后身缘、恐结他生里"。若有来生，你我仍为知己。天真的纳兰，真诚的许诺，顾贞观为之感动。

　　虽然年岁悬殊，但因为同样的磊落与清逸，他们注定成为知己。

　　富贵清贫，显赫低微，对心性纯粹之人来说，都只如尘埃。

　　纳兰与顾贞观，两个光风霁月的才子，倾盖如故。

知我者，梁汾耳

人，生而孤独。而生活，是一场自我摆渡。

我们总希望，这孤独的舟上有人，三三两两，闲话沧桑。

纳兰天性敏感，容易心生凄凉。幸好，因为率真清澈，为人坦荡慷慨，他有不少良朋知己。他所结交的，从严绳孙到姜宸英，从朱彝尊到顾贞观，皆是落拓不羁的江南文士。他与他们交往，不为文名倾世，不为虚图风雅，而是为了让自己的纯粹与天真，有个安放的地方。

对待朋友，纳兰足够热忱，也足够真诚。尽管他出身贵胄之家，却没有半点倨傲。事实上正好相反，无论对谁，他总是温文尔雅，像一泓清水。这是他与生俱来的高贵。

所谓高贵，不是身处绝顶，可以俯视天下。

而是，无论身居何处，都能平视他人，不卑不亢。

处上，不含傲气；处下，亦无媚骨。这才是真正的高贵。

那是心中从不褪色的风清月明。

纳兰便是如此。而他的朋友们，也是如此。他们之间，没有盘根错节的世俗经纬，有的是飘洒纵意，有的是杯酒清欢。现在，顾贞观满身风尘地来到了纳兰的生命里。初见之欢，很快就成了久处不厌。君子之交，无关其他，只是性灵与性灵的面对面，清淡如水。

相识之后，纳兰与顾贞观便时有往来，对酒倾谈，秉烛夜话，好不自在。徐珂在《清稗类钞》中说："成容若风雅好友，座客常满，与无锡顾梁汾舍人贞观尤契，旬日不见，则不欢。梁汾诣容若，恒登楼，去梯，不令去，一谈辄数日夕。"足见两人之情谊。

相传纳兰去世之后，顾贞观回到故里，一天晚上梦到纳兰对他说："文章知己，念不去怀。泡影石光，愿寻息壤。"当天夜里，妻子就生了个儿子，顾贞观就近一看，发现长得跟纳兰一模一样，知道是其再世，心中非常高兴。一月后，再次梦到纳兰与自己作别。醒来后连忙询问别人，听说孩子已经夭折。虽是传言，但生死不渝的交情毋庸置疑。

康熙十五年（1676），纳兰以诗词才藻大获赞誉。得名便从他写给顾贞观的那首《金缕曲》开始。对这首词，徐钒《词苑丛谈》卷五评价："词旨嵚崎磊落，不啻坡老、稼轩。都下竞相传写，于是教坊歌曲间，无不知有《侧帽词》者。"

对纳兰的才气，顾贞观也是佩服的。综观当时词坛，莫说新锐，即使是成名大家，才华堪与纳兰容若相匹敌者，亦是寥寥无几。不久后，顾贞观也写了首《金缕曲》，是步韵之作：

　　且住为佳耳。任相猜、驰笺紫阁，曳裾朱第。不是世人皆欲杀，争显怜才真意。容易得、一人知己。惭愧王孙图报薄，只千金、当酒平生泪。曾不直，一杯水。

　　歌残击筑心逾醉。忆当年、侯生垂老，始逢无忌。亲在许身犹未得，侠烈今生已已。但结记、来生休悔。俄顷重投胶在漆，似旧曾、相识屠沽里。名预籍，石函记。

——《金缕曲·酬容若见赠次原韵》

人生在世，最难得的不是广厦华屋，而是知己。

高山流水的故事遐迩皆知，可是几千年了，关于知己的故事又有多少？

当年，信陵君对古稀之年的侯嬴礼敬有加，后来侯嬴以死相报信陵君的知遇之恩，然后便有了窃符救赵的佳话。可惜，千古世事中，多的是庸俗势利之辈，少的是礼贤下士之人。顾贞观自比侯嬴，是感激纳兰的知己之谊。纳兰的词里说"后身缘、恐结他生里"，顾贞观说"但结记、来生休悔"，是诚挚的回答。

既然人生苦短，那便许个来生，继续知交情谊，诗酒共月明。

朋友二字，就应是如此，重如山岳，长似流光。

应是生命与生命跨越轮回的惺惺相惜。

纳兰意犹未尽，不久后再次以词相赠。这次，他用的是秋水轩唱和旧韵，对顾贞观的才情表示钦佩的同时，也对其人生多蹇表达了叹息和安慰。

酒涴青衫卷。尽从前、风流京兆，闲情未遣。江左知名今廿载，枯树泪痕休泫。摇落尽、玉蛾金茧。多少殷勤红叶句，御沟深、不似天河浅。空省识，画图展。

高才自古难通显。枉教他、堵墙落笔，凌云书扁。入洛游梁重到处，骇看村庄吠犬。独憔悴、斯人不免。衮衮门前题凤客，竟居然、润色朝家典。凭触忌，舌难翦。

——《金缕曲·再赠梁汾，用秋水轩旧韵》

终于，顾贞观对纳兰说出了那件事。

吴兆骞已经忍受了十八年寒苦，顾贞观不知道，他还能挺多久。

许是某个酒浓的夜晚，心事被和盘托出。

继而，是两首遥寄好友的《金缕曲》。顾贞观知道，世道艰险，能够助他营救吴兆骞的，除了纳兰容若，别无他人。他也深信，以纳兰的侠骨和古道热肠，定不会拒绝。

的确，纳兰没有拒绝。他是这样的性格，急朋友之急，忧朋友之忧。世人对事，总有许多权衡和考量，往往利进弊退。即使是朋友之事，也少有决然前往者。终究，锦上添花行处皆有，雪中送炭往往少见。人情世态，说不尽的凉薄滋味。

纳兰的为人，令世人折服感佩，谢章铤在《赌棋山庄词话》中慨叹道："嗟呼！今之人，总角之交，长大忘之；贫贱之交，富贵忘之。相勖以道义，而相失以世情；相怜以文章，而相妒以功利。吾友，吾且负之矣；能爱友之友如容若哉！"

吴兆骞是顾贞观的朋友，与纳兰素不相识。

但在纳兰看来，既然是顾贞观的朋友，也便是他的朋友。

我想，无论福祸甘苦，都能不离不弃，才算不负朋友二字。

纳兰对顾贞观承诺，用十年时间，定将吴兆骞解救出来。顾贞观明白，此事棘手，十年为之，已属不易。只是，宁古塔不毛之地，吴兆骞已经忍受了十八年霜雪，是否能再忍十年，实在难说。于是，顾贞观很艰难地向纳兰提出以五年为期。

此事非同小可。纳兰没有立即回答。

次日，顾贞观收到了纳兰寄去的一首词，又是《金缕曲》：

酒尽无端泪，莫因他、琼楼寂寞，误来人世。信道痴儿多厚福，谁遣偏生明慧。就更着、浮名相累。仕宦何妨如断梗，只那将、声影供群吠。天欲问，且休矣。

情深我自判憔悴。转丁宁、香怜易爇，玉怜轻碎。羡杀软红尘里客，一味醉生梦死。歌与哭、任猜何意。绝塞生还吴季子，算眼前、此外皆闲事。知我者，梁汾耳。

——《金缕曲》

知我者，梁汾耳。

既为知己，我便愿意为你，跋山涉水，完成心愿。

五年之后，绝塞生还吴季子。铿锵的话语后，是一张天真的脸。

纳兰的可爱之处，就在于此。他身份尊贵，却又平易近人；他惆怅天真，却又仗义慷慨。为了朋友之谊，他愿意赴汤蹈火，无怨无悔。他何尝不知道，吴兆骞在极寒之地一去十八载，是大清帝王不予放还，要营救他，实非易事。但他不愿拒绝，不愿让一个至交好友伤心和失望。

他是个萧瑟的词人，也是个多情的公子。

但这，显然并非人们喜欢和追慕他的全部理由。

柔情里有侠气，寂静中有风骨。这才是他。

了了一桩心事，顾贞观的心情清朗了许多。渌水亭，飞雪的日子，有了围炉夜话的情节。白居易《问刘十九》里有这样的画面："绿蚁新醅酒，红泥小火炉。晚来天欲雪，能饮一杯无？"绿蚁新酒，红泥火炉，纷纷飞雪，低唱浅斟。荒年冷月，这无疑是极美的场景。

纵横天下，跃马关山，都敌不过这几分闲情。

终究，声名利禄皆是劳心之事。人活着，少不得情怀和情义。

渌水亭相聚，除了顾贞观，定然还有别的文人墨客，比如严绳孙、姜宸英。尽管，每个人都难免俗事缠身，但他们总会尽量抛开俗事来此，在诗酒中沉醉。

就这样，饮着酒，说着诗词之事，闭口不谈庙堂。

不知不觉，已是春和景明的日子。

卷五

当时只道寻常

谁念西风独自凉，萧萧黄叶闭疏窗。沉思往事立残阳。

被酒莫惊春睡重，赌书消得泼茶香。当时只道是寻常。

——《浣溪沙》

西风几度悲画扇

如果可以，他宁愿和妻子结庐乡野，莳花种草；他宁愿和妻子携着手远走天涯，看山看水。如果可以，他只愿将一束山花送给温婉的妻子，看她娇俏地笑。

　　可是，这"如果"二字，太悲凉。

　　世事冰凉，尘缘有定。一切都容不得假设。

侧帽且从容

所有的日子，都属于余生。

季节流转，晨昏变换。每个刹那，余生都在缩减。

来到这世上，便开始了一场时光上的奔走。

曾经以为，我们与时光同行。后来才发现，时光早已在前头，画下了晴川历历，也画下了蔓草荒烟。于是，我们不得不学着与时光握手言和，在变幻不定之中，寻找刹那的安定怡然。不管怎样，我们总希望，日子是温暖的。

有人为你立黄昏，有人问你粥可温。

世界待你温暖如初，时光也可对酌花下。

我想，这便算是温暖的日子。

二十二岁的纳兰，就在这样的日子里。西窗有人剪烛夜话，东篱有人把酒言欢。生活安谧如诗。内有秀外慧中的妻子，她为他烹茶，他为她写诗，琴瑟在御，岁月静好；外有志趣相投的一众好友，可在渌水亭浅斟低唱，亦可同游陌上，兴尽而归。

炉边唤酒双鬟亚，春已到卖花帘下。一道香尘碎绿蘋，看白袷亲调马。

烟丝宛宛愁萦挂，剩几笔晚晴图画。半枕芙蕖压浪眠，教费尽莺儿话。

——《秋千索·渌水亭春望》

日光倾城，春色旖旎。

少女炉边买酒，然后欣然归去，裙裾轻摆。

白衣翩翩的少年，纵马而过，荡漾起的灰尘，搅碎了一池的碎萍。几分莫名而来的愁绪，悄然间湮没，只剩眼前的明媚春景。"剩几笔晚晴图画"，与其寻愁觅恨，不如将这大好春日图画在纸上，然后小睡花下，神游物外。原来，丰盈的日子里，纳兰笔下的词也可以这样清朗。

这一年，纳兰编辑自己的词作，刻版印刷，取名《侧帽词》。

侧帽一词，语出《北史·独孤信传》："信在秦州，尝因猎日暮，驰马入城，其帽微侧，诘旦而吏人有戴帽者，咸慕信而侧帽焉。其为邻境及士庶所重如此。"

北周大将独孤信，其人年少时风流俊秀，才能卓著，为人散漫不羁，被无数人钦慕。某天，他出城打猎，回来时被风吹歪了帽子，因急于进城并未留意。没想到，到了次日，城里许多男子都歪戴帽子，以模仿独孤信之风姿。于是，就有了"侧帽风流"一说。

几年前，纳兰与朱彝尊同游西郊冯氏园，朱彝尊所作《鹧鸪天》里有"轻衫侧帽且从容"句；这一年，纳兰曾为顾贞观《侧帽投壶图》题词，并以此名震词坛；后来，纳兰在《踏莎行·寄见阳》中有"倚柳题笺，当花侧帽"句。

现存的纳兰词，以康熙十六年（1677）后所作为多。在此之前，属于创作早期，因有所顾忌，作词较少。当时，顾贞观常去明府，纳兰可以随时与之商榷。因此，编删《侧帽词》未用多少时日。

康熙十六年夏初，顾贞观遥寄吴兆骞一简，简中先叙顾、吴两家家中琐事，后面这样写道："年来有词二百余阕，竟失其稿，即以涂抹本附览，自谓出少陵、美成之上，乞传示远方，俾知有顾梁汾，即兄不朽之惠矣。顷得一知己，同选今人词，俟尊稿觅得，一总相寄。……有新知己词一册，附去，亦望传寄。"简中所谓"知己"，即指纳兰。"同选今人词"，指顾贞观与纳兰共编的《今词初集》。附去的"新知己词一册"，即指纳兰《侧帽词》。

这一年，除了《侧帽词》，纳兰还与顾贞观继续汇编《今词初集》。清初主要有三部意在反映"当代"词学成就的选本，分别是初刊于顺治十七年（1660）的《倚声初集》，刻成于康熙十六年的《今词初集》，以及编定于康熙二十五年（1686）、刊刻于次年的《瑶华集》。与其他两部词选相比，《今词初集》的篇幅较小，仅有二卷。编选明末清初至康熙十六年这三十余年间的词人近两百位，词作六百余首，纳兰词有十七首入选。

从其选词思路来看，不仅有勾勒三十余年间词坛风貌的意思，也可以看出选者的词史意识和批评眼光。《今词初集》的编者在总结清初词风的发展时，既从当下的角度看到词坛所具有的凝聚力，又从历史的角度看到了词坛将要展开的趋势，有着比较深刻的眼光，因此有重要的认识意义和美学意义。

编选词集，对于词人作品选择的多寡，往往以审美取向为根本。在《今词初集》中，陈子龙的词入选二十九首，赫然居于诸家之首，这是一个明显信号，显示选者将陈子龙置于清词开山地位的态度。《今词初集》不仅对以陈子龙为代表的云间词派在清词复兴中的作用给予了强调，而且也对龚鼎孳评价很高，特别强调抒发性灵的审美追求，在当时独树一帜。近人龙榆生说："词学衰于明代，至子龙出，宗风大振，遂开三百年来词学中兴之盛。"源头可以追溯到《今词初集》。

这部词集，前有康熙十六年鲁超序，后有毛际可跋。

鲁超所写序文，可见词集编撰之动机。

吾友梁汾常云：诗之体至唐而始备，然不得以五七言律绝为古诗之余也；乐府之变，得宋词而始尽，然不得以长短句之小令、中调、长调为古乐府之余也。词且不附庸于乐府，而谓肯寄闰于诗耶？

容若旷世逸才，与梁汾持论极合，采集近时名流篇什，为《兰畹》《金荃》树帜，期与诗家坛坫并峙古今。余得受而读之。余惟诗以苏李为宗，自曹刘迄鲍谢，盛极而衰；至隋时风格一变，此有唐之正始所自开也。词以温韦为则，自欧秦迄姜史，亦盛极而衰。至明末，才情复畅，此昭代之大雅所由振也。

词在今日，犹诗之在初盛唐。唐人之诗不让于古，而谓今日之词与诗，必视体制为异同、较时代为优劣耶？兹集俱在，"即攀屈宋宜方驾，肯与齐梁作后尘"。若猥云缘情绮靡，岂惟不可与言诗，抑亦未可与言词也已。书以质之两君子。

与诗相比，词出现得很晚。

于是，人们将词视作诗余，称之为艳科小道。

但其实，这只是一种偏见。诗能够表达的情境志趣，词也可以尽述。纳兰和顾贞观编选词集，旨在振兴词坛，将词放在与诗同等的地位，在强化词体的同时，强调了词的功用及其特殊魅力。他们的野心在于，使词成为不逊于诗，亦不逊于任何文体的存在。

康熙十六年初，顾贞观携《今词初集》稿南返，至开封，逢毛际可。毛际可，字会侯，号鹤舫。顺治十五年（1658）进士。擅长古文，与同时毛奇龄、毛先舒皆浙江人，因而有"浙中三毛，文中三豪"之称。晚年在家乡主持书院，远近前来求教的人不计其数。

彼时，毛际可为开封祥符县令。顾贞观到祥符，两人剪烛夜话，甚是欢畅。应顾贞观所请，他为《今词初集》撰写了跋文，其中写道：

> 近世词学之盛，颉颃古人，然其卑者掇拾《花间》《草堂》数卷之书，便以骚坛自命，每叹江河日下。今梁汾、容若两君权衡是选，主于铲削浮艳，舒写性灵。采四方名作，积成卷轴，遂为本朝三十年填词之准的。

> 丁巳春，梁汾过余浚仪。剪烛深宵，所谈皆不及尘俗事。酒酣，出斯集见示，吟赏累日，漫附数语归之。余赋性椎朴，不能作绮语，于词学有村夫子之诮，无足为斯集重。顾平生读书不及少陵之半，而谬托以解嘲，益令有讥者揶揄。两君其为余藏拙可也。

词之一物，自有其华美厚重，不该附属于诗。

纳兰和顾贞观强调，词应抒写性灵，远离浮靡俗艳。

纳兰虽然年轻，但其纵横和复兴词坛的雄心显而易见。对此，顾贞观最为熟悉，他在《答秋田求词序书》中说："最后吾友容若，其门第才华，直越晏小山而上之。欲尽招海内词人，毕出其奇。远方骎骎，颇有应者。而天夺之年，未几辄风流云散。"

所谓"欲尽招海内词人",即为扭转词风而欲另辟"奇远"之路的具体表现。在现实中,纳兰的词学主张和实践,也的确得到了文坛的肯定。在清初,纳兰以一年轻公子而跻身于词坛宿老之列,其词之影响可想而知。

想必,编选词人作品,纳兰是一副认真的学者模样。

结束之后,他又是那个天真的孩子。

于云下,放牧着年华。

一宵冷雨葬名花

浮生若梦，为欢几何。

这样感叹的时候，故事里早已荒草丛生了。

生活，就像是山水画，疏密有间，明暗交替，一切都被铺陈得恰如其分。但我们只是画中人，或在桥上，或在山中，不知不觉，雨落雪飞，云走花谢。到底是何人，以沉默的巨手，画下聚散离合，无人知晓。于是，我们不得不将许多的离散，认为是尘缘有定。

沈从文说，我行过许多地方的桥，看过许多次数的云，喝过许多种类的酒，却只爱过一个正当最好年龄的人。纳兰遇见妻子，亦是云水相依般的美好。

那几年的他们，花前月下，心有灵犀。烹茶写诗，煮酒弹琴，日子恬淡如诗。然后，妻子有了身孕，纳兰欣喜无比。两个人的西窗剪烛，变成了三个人的相互依存。许多个日子，纳兰拥妻子入怀，觉得世间幸福不过如此。的确，那是幸福的模样。但是很不幸，幸福在某天戛然而止了。

上天凉薄，将一切安排得巧妙而又绝情。

而我们，只能在属于自己的剧情里，或悲或喜。

实际上，从欢喜到悲伤，只是刹那。就像，风起花落。

康熙十六年四月底，孩子出生，取名富尔敦。五月三十日，卢氏因产后并发症身故，年仅二十一岁。于纳兰，她曾是这样的存在：斯人若彩虹，遇见方知有。

她是他生命中最美丽的风景。流连三载，从不言归。

而现在，这风景刹那间掩上了色彩。人间，倏然间成了荒原。

不久前，他们还依偎着，想象未来。青草巷陌，淡雨微云，都以为，这样的画面里会有他们三人携手悠闲走过的身影。或者是这样：慵懒的午后，他们相依而坐，茶香与书香相融；孩子不喜读书，跑到他们身边，他假装嗔怒，她已将孩子揽入怀里。或许他们也说过，若生个男孩，希望他日后别像其父亲，多愁善感。

可这些，已在那个寻常的日子，化作了回忆。

回忆如门。芳草斜阳都在里面，人却不忍推开。

生命有时候脆弱得像是泡沫，一碰就会消散得无影无踪。纳兰不敢相信，可是他不得不相信。那个曾经娇俏娴雅的身影，如今冰冷地躺在那里，他走过去，看着她的脸，仍是那样秀美，却被苍白笼罩着。苍白，纳兰的心，身边的世界，都是这种颜色。

他在妻子身边伫立了很久，如雕像般静默。

没有表情，也没有泪水。悲痛欲绝，泪水已逆流成河。

林下荒苔道韫家，生怜玉骨委尘沙。愁向风前无处说，数归鸦。
半世浮萍随逝水，一宵冷雨葬名花。魂是柳绵吹欲碎，绕天涯。

——《山花子》

生离死别。你我都无能为力。

就像必然的长夜暗淡，我们只能寻一盏灯，照亮前路。

不知什么时候，纳兰的情绪才略有稳定。而悲伤，自此之后，从未真正止步。深情如他，注定要在往事里进进出出，带着孤独的自己。然后，凄楚落笔，将欢喜的过往和荒凉的今后，安置一处，加上韵脚，成了词。平平仄仄，尽是前尘旧事。

在纳兰心里，秀外慧中的妻子，可与才女谢道韫相比。她给他的，除了温暖，还有懂得。可是此时的她，匆忙离去，只剩下一片苍苔，覆盖在当时的才情和风姿上。多美丽的生命，刹那间归了尘土。风起，寒鸦声声，往事不语。暮色里，一个人寥落着。

半世悠悠荡荡，付与一宵冷雨。

命运只是指尖一转，我们便被转到了尘埃里。

黄沙、天涯、冷雨、归鸦。一片死寂，纳兰悲伤无处言说。

风絮飘残已化萍，泥莲刚倩藕丝萦。珍重别拈香一瓣，记前生。

人到情多情转薄，而今真个悔多情。又到断肠回首处，泪偷零。

——《山花子》

落笔之处，皆是血痕。

那是一颗碎裂的心，在滴血。

薄情的人，不知道何为肝肠寸断。

纳兰，不断用文字祭奠着从前。他以为悲伤落到纸上，便能洇开散去，没想到这悲伤经了时间，竟然毫无减损，一点一滴，在心底沉积，越积越深，甚至将他的生命也一点一滴吞噬了。也许，他之所以三十一岁就远离人寰，主要原因就是心伤太重。

风中的柳絮、水中的浮萍，是谁化作了谁的身影，都无所谓，反正它们就那样茫然于世，飞扬和飘零，都离不开命运的摆布。一个"残"字，是生命的凋残，也是人世情缘的残缺。青莲与藕丝，缠缠绕绕，如这人间的爱情，虽然被宿命折断，却怎么能就此遗忘、就此结束？他的爱，一直都在。可他们，终是碧落黄泉，两不相知了。

他说："珍重别拈香一瓣，记前生。"人生爱恨，犹如梦里。梦醒人各天涯，总是希望回到梦里，深情凝望，摘花相赠，盼能闻香忆人。或许，是这样一个情景："道一声珍重，道一声珍重，那一声珍重里有蜜甜的忧愁。"

可惜，永别就是永别，梦境就是梦境。若纳兰手中真有别时的花香在手，此时也只能无奈地忆起当时的温存。而对逝去的人来说，那已经是遥远的前生。又或许，这花香，是一个记号，为了来生相见时认出对方，若真有来生的话。

杜牧说，多情却似总无情。情深之人，越过了浮面内容，直达情之深处，于是寂静，于是无形。爱情，经过了时间，如果经受住了考验，反而会变得平淡。在平淡中仍能细水长流的爱情，才是真的爱情，就像三毛所说，爱情如果不能落实到柴米油盐吃饭睡觉这些琐事上，是不能长久的。情到深处，两颗心相连，两个生命好似一个生命，一切幸福都衍化成平淡和恬静。情不是转薄了，而是化为一种习惯，一种无言的默契。

纳兰说"真个悔多情"，不过是反话。不深情，他就不是纳兰容若了。只不过，多情之人必然多伤，他心里也清楚。因此，与其说是后悔，不如说是无奈。

填着词，蓦然回首，又是一番心伤。不知不觉，泪眼模糊。

往事，其实并不如烟。都在他心里，堆得很厚。

青衫湿遍，凭伊慰我，忍便相忘。半月前头扶病，剪刀声、犹共银
釭。忆生来小胆怯空房。到而今独伴梨花影，冷冥冥、尽意凄凉。愿指
魂兮识路，教寻梦也回廊。

咫尺玉钩斜路，一般消受，蔓草残阳。判把长眠滴醒，和清泪、搅
入椒浆。怕幽泉还为我神伤。道书生薄命宜将息，再休耽、怨粉愁香。
料得重圆密誓，难禁寸裂柔肠。

——《青衫湿·悼亡》

泣血之作。只这四字，配得上这首词。

可以想象，纳兰在写这首词的时候，定是泪眼迷离。

一生的最爱，情深意笃的妻子，猝然离世，留给他满世界的荒凉。

他太悲痛。无数次，泪湿衣衫。生活薄情，只给了他们三年的现世
安稳。越是美丽的事物，越经不起风吹雨打，比如爱情，比如春芳。清
晰记得，半月前她还活生生地在他面前，尽管病体恹恹，却坚持着拿起
剪刀，为他缝补衣衫。银灯下，笑靥很浅，如从前。

还记得那时候，她害怕独自待在房间，总是要他陪伴着。如今空荡
荡的房间，只有一个伤心的人，窗外梨花簌簌飞逝，似永诀的人。当时
形影相伴，如今独对梨花，这份凄凉之深，几人知晓？两个世界，一样
的冰冷，如何找寻那逝去的人？纳兰走向了梦幻，"愿指魂兮识路，教

寻梦也回廊"，但愿上天给她的魂魄指引，让她来到他梦里。

却只是幻想，人死如灯灭，再多希冀，也只换得无边的消黯。

阴阳相隔，似乎近在咫尺，却又远在天边。

料想，亡妻此刻亦是如他这般，独立残阳，荒草蔓蔓。

他心想，倘若用自己的眼泪和着清酒，能把沉睡的亡妻滴醒过来，他愿意付出所有。就这样，漫无边际地幻想着，也悲伤着。就像一个失去一切的人，漫无目的地游走，不知身在何方，不知今夕何夕。

转念又想，"怕幽泉还为我神伤。道书生薄命宜将息，再休耽、怨粉愁香"。妻子体贴，若看到他这样悲伤，定会在那个冰冷的世界里为他神伤，往日她就是如此。每每看他落寞惆怅，她也跟着落寞惆怅。只因，他们心意相通。此刻，她看他神伤，定会嗔怪："你这个人，好好保重自己，别再为我伤心！"

终于，纳兰回到了现实，难禁寸裂柔肠。

伊人已逝，再无归期。他们之间，隔了一道门，叫生死。

纳兰喝醉了，从来没有这样长醉过，一连几天都处于昏昏沉沉的状态。即使是这样，迷离之间，他的眼前仍是妻子的音容笑貌，挥之不去。

他们在彼此生命里归依，却又在刹那间生死相隔。

一念成痴。她去了，他的心成了一座孤城。

当时只道是寻常

花非花，雾非雾；夜半来，天明去。

来如春梦几多时，去似朝云无觅处。

——白居易《花非花》

世间情爱，不过如此。来的时候，花开陌上；去的时候，逝水无痕。往往是这样，说着来日方长，突然间流水落花，已是两处天涯。终究，人生如戏。我们再认真生活，也只是学会了唱念做打；戏里的起承转合，属于世事无常。

尘缘里头，住着欢情旖旎，也住着西风萧瑟。刹那风起，尘缘落尽，便是人去楼空。许多情深意浓，结局不过是风吹云散。春江水暖，桃花如旧，却是人面不知何处，伫立在回忆里，只有感伤的份。只不过，红尘中的人们，总是执拗地寻找着永远。

三百多年前，男子立在亡妻遗像前，心痛了无痕。

他叫纳兰容若。夜雨霖铃，一片伤心画不成。

泪咽更无声，只向从前悔薄情。凭仗丹青重省识，<u>盈盈</u>。一片伤心画不成。

别语忒分明。午夜鹣鹣梦早醒。卿自早醒侬自梦，更更。泣尽风前夜雨铃。

——《南乡子·为亡妇题照》

纳兰深情，妻子温婉。

他们的故事，多年后仍被无数人津津乐道。

然而，那样美丽的爱情，到最后也只是，人间天上，两不相知。元稹多情，但是当爱情落幕，留下的只有这样的叹息：曾经沧海难为水，除却巫山不是云。到那时，纵然是万花丛中过，片叶不沾身，又能怎样？

斯人已去，人间独自，所有良辰美景，也便没了意义。

最初的生死相许，最后的只影向谁去。太悲凉。

苏轼与原配妻子王弗，相敬如宾，情深意笃。可是，命运却让他们天人永隔。十年之后，旷达如苏轼，独立孤坟，忆起往事，也是悲不自胜，只能将悲伤留在文字里：

十年生死两茫茫。不思量，自难忘。千里孤坟，无处话凄凉。纵使相逢应不识，尘满面，鬓如霜。

夜来幽梦忽还乡。小轩窗，正梳妆。相顾无言，惟有泪千行。料得年年肠断处，明月夜，短松冈。

在纳兰之前，冒辟疆与董小宛倾情相爱，才子佳人，乱世风雨中不离不弃；在纳兰之后，沈复与芸娘青梅竹马，终于结为伉俪，齐眉举案。这两段爱情，都曾是风轻云淡的模样。偶尔，莳花种草，听风看雨；偶尔，课书论古，品月评花。

但他们，都输给了世事无常。所有的缱绻快意，刹那间散入了风尘。董小宛与芸娘，都是红颜早逝。冒辟疆与沈复也是深情之人，前者写了本《影梅庵忆语》，后者写了本《浮生六记》。为一场爱情，专门写一本书来纪念，总算不负曾经的遇见和那些相濡以沫的日子。

而纳兰，填了许多首词，和泪落笔。

灯下，往事展开如画，忽明忽暗。他影只形单。

> 晚妆欲罢，更把纤眉临镜画。准待分明，和雨和烟两不胜。
> 莫教星替，守取团圆终必遂。此夜红楼，天上人间一样愁。
>
> ——《减字木兰花·新月》

> 春情只到梨花薄，片片催零落。
> 夕阳何事近黄昏，不道人间犹有未招魂。
> 银笺别记当时句，密绾同心苣。
> 为伊判作梦中人，长向画图清夜唤真真。
>
> ——《虞美人》

人已去，但在回忆里，她依旧身影姽婳。

帘外烟雨朦胧。她浅画蛾眉的样子，清晰而又模糊。

团圆已成奢望。人间天上，一样的哀愁。

就这样，他痴痴地想着，任自己沉沦于回忆。

杜荀鹤《松窗杂记》载：唐代进士赵颜，于画工处得一软障，上画妇人甚丽。画工谓此画为神画，此女名真真，呼其名百日必应，应后以百家彩灰酒灌之必活。赵颜照画工的话去作了，女果活而下障，为赵颜生一子。后赵颜听信朋友之言，疑此女为妖，真真即携子复上软障，唯画上多添了一儿。

纳兰懂得珍惜，也曾尽力呵护。但妻子，还是匆忙地去了。

对着她的画像，他纵然呼唤百次千次，她也不能从画里走出。

一别如斯，音容两渺茫。他总在回忆里盘桓。

那时候，他们在红烛下凝望对方，她巧笑倩兮；那时候，他们在月光下弹琴赋诗，她才比道韫；那时候，他们在春风里谈笑风生，她婉约如诗。许多日子，细雨斜风，当时看来极是平常。去了才知道，竟是那般温暖。

现在，纳兰仿佛落入了黑暗的深渊。那些美丽却苍白的回忆，只能让他整个人一次次地陷落在空寂里。他想沉沉睡去，不再醒来。梦里，妻子依然清丽明媚，为他烹茶煮酒，为他研墨弹琴，浅浅一个笑，勾着黄昏的月色。

只是，梦醒时分，天地寥廓。

他仍是一个人，只影憔悴，地老天荒。

曲阑深处重相见，匀泪偎人颤。

凄凉别后两应同，最是不胜清怨月明中。

半生已分孤眠过，山枕檀痕涴。

忆来何事最销魂，第一折枝花样画罗裙。

——《虞美人》

愁痕满地无人省，露湿琅玕影。

闲阶小立倍荒凉，还剩旧时月色在潇湘。

薄情转是多情累，曲曲柔肠碎。

红笺向壁字模糊，忆共灯前呵手为伊书。

——《虞美人·秋夕信步》

点滴芭蕉心欲碎，声声催忆当初。

欲眠还展旧时书。鸳鸯小字，犹记手生疏。

倦眼乍低缃帙乱，重看一半模糊。

幽窗冷雨一灯孤。料应情尽，还道有情无？

——《临江仙》

李后主说，往事不堪回首月明中。

纳兰欣赏李煜，也常被人与李后主相提并论。

他们境遇不同，但心性极是相似。月明之夜，天人永隔，纳兰在往事里住着，没有炉火，没有灯盏。只有孤独的自己，寻寻觅觅。许多事历历分明，在心头转了又转，成了伤痕，风吹不去，雨洗不去。

记得，月光倾城的夜晚，她偎着他，喁喁私语。那时候，他们用山水画的折枝技法，在素白的罗裙上画上意境疏淡的图画，一边画，一边相对而笑。画好以后，她第一时间将那件独出心裁的罗裙穿在身上，步履款款。他说，凌波微步，罗袜生尘。

记得，从前一灯如豆，他在灯下哈着热气暖手，为她抒写心曲。她悄然站在背后，他掩上了纸页，假装怕她瞧见他深情的表白。其实，所有言语，都抵不上彼此执手，从少年到白首。如今，红笺小字仍在，人却是两处茫茫。

记得那时候，他手把手教她临帖，书写缱绻文字，她娇羞的模样甚是可爱。他故意念诵王次回的《湘灵》诗："戏仿曹娥把笔初，描花手法未生疏。沈吟欲作鸳鸯字，羞被郎窥不肯书。"她更是满脸羞红。如今，那些一起读过的书凌乱地摆放在那里，曾经的月下俪影成双，现只剩下一个孤独身影。一灯如豆，雨打西窗。

芭蕉叶上，往事在雨中迷离。听着听着，一颗心便似要碎掉一般，不忍再听，可是那声音又那样分明，像钟声，像梦滴碎的声音，把整颗心敲得颤颤巍巍，越来越憔悴。

西楼之上，空荡荡的房间，冷冰冰的枕席。

回忆太长，如溪流蜿蜒，转过现实，成了一种滋味，叫黯然销魂。

　　谁念西风独自凉，萧萧黄叶闭疏窗。沉思往事立残阳。

　　被酒莫惊春睡重，赌书消得泼茶香。当时只道是寻常。

——《浣溪沙》

最好，不要在这首词里徘徊太久。

往事浮浮沉沉，人注定要沦陷，从迷惘到疼痛。

西风萧瑟，黄叶漫天。沉思往事，残阳饮血。纳兰就在其中。

关了窗，却关不住秋凉，心早已在秋风中流浪了。

纳兰喜欢饮酒。那时候，他每次醉酒沉睡，妻子总在身边静静地守护着，若有人来，就会静静地摆手示意，以防吵醒他。因这份体贴，他仿佛一直睡在春天里。

李清照《金石录后序》说，她常与丈夫赵明诚比试看谁的记性好，比如，某事载于某书某卷某页某行。经查原书，胜者可饮茶以示庆贺，有时太过高兴，会让茶水泼湿衣裳。

纳兰与妻子，从前也是烟火神仙，品诗论画，赌书泼茶，羡杀旁人。但这样的生活，仅仅三年就成了过往。她去了，他枕着回忆悲伤。那些泣血之词，说到底，不过是自我安慰。从前的月圆花好，如今的沧海桑田，不堪思量。

岁月，经得起众生推敲；人生，受不得命运拨弄。刹那灯火熄灭，尘缘落地成灰。爱情便有了结局。茜纱窗下，才子多情；黄土垄中，红颜薄命。

镜花水月的世间，总有些往事让人不忍掀开。

那是痴情之人的天荒地老，与风月无关。

西风多少恨，吹不散眉弯

问世间，情是何物，直教生死相许。

天南地北双飞客，老翅几回寒暑。

欢乐趣，离别苦，就中更有痴儿女。

君应有语，渺万里层云，千山暮雪，只影向谁去？

横汾路，寂寞当年箫鼓，荒烟依旧平楚。

《招魂》楚些何嗟及，《山鬼》暗啼风雨。

天也妒，未信与，莺儿燕子俱黄土。

千秋万古，为留待骚人，狂歌痛饮，来访雁丘处。

　　金章宗泰和五年（1205），十六岁的元好问前往并州应试途中，听一位捕雁者说，当天设网捕雁，天空有两只比翼双飞的大雁，其中一只被捕杀后，另一只虽已脱网，却并不飞走，而是在上空盘旋一阵，投地殉情而死。

年轻的元好问，被这种生死之情震撼，便花钱买下这对大雁，将它们合葬在汾河岸边，建了个小小的坟墓，取名 "雁丘"，并作了《雁丘词》，便是这首《摸鱼儿》。

关于大雁，我们大抵能想到迁徙，想到季节更替，却不知，这些南来北往的生命，竟能为情赴死。情至极处，生者可以死，死者可以生，果然如此。

怨憎会，爱别离，求不得。世间之苦，若能逃过，便不是真实的世界。生活的妙处和质感就在于，有起有落，有晴有阴，有聚有散。就像音乐，倘若没有旋律和节奏的变化，也就不成其为音乐了。

人生于世，或许就是为修行而来。

历尽甘苦悲欢，修得几许淡定，然后泅渡沧桑。

所以，一切欢情，都离不开散场时的悲凉。

纳兰，再不舍得，也必须接受妻子香消玉殒的现实。他的深情，他的悲伤，少有人真正懂得。妻子在的时候，他像在芳草田园；妻子去了，他只能独步荒野。幸好有笔，幸好有文字，他可以借以安放悲伤。

眼底风光留不住，和暖和香，又上雕鞍去。

欲倩烟丝遮别路，垂杨那是相思树？

惆怅玉颜成间阻，何事东风，不作繁华主。

断带依然留乞句，斑骓一系无寻处。

——《蝶恋花》

关于相思树，据晋干宝《搜神记》记载，战国时，宋康王舍人韩凭娶了一位美貌的妻子何氏。康王意图霸占，韩凭因不允而被囚禁，气愤自尽。何氏表面答应康王，与之一起登台，趁机纵身跃下而死，死前留有遗书，希望与韩凭合葬。康王怀恨，将何氏的坟冢与韩凭的坟冢相望而建。

昼夜之间，两冢之端生出大梓木，旬日便"大盈抱，屈体相就，根交于下，枝错于上"。树上又有一对鸳鸯栖息，晨夕不去，交颈悲鸣，鸣声动人。宋人哀之，遂号其木曰"相思树"。后人以此故事指代男女相爱、生死不渝之情。

至于"断带"，则是李商隐《柳枝序》中的典故。李商隐族弟李让山偶遇洛阳女子柳枝，他吟诵李商隐的《燕台诗》，柳枝惊叹其才华，问何人所写。李让山如实相告。柳枝便扯断衣带要李让山代赠给李商隐，并向其求诗。

不久后，柳枝向李商隐发出相见之请，李商隐本已答应，却因故未能赴约。再后来，听李让山说，柳枝已然嫁人。李商隐怅然，写了五首《柳枝》。后来，人们就以"断带乞句"暗喻相思难解。

这日，纳兰信马由缰，却未有半分闲情。满目春光，也无法将他的心情照亮。对亡妻的怀念之情太深，所有时节仿佛都失去了该有的韵味。杨柳依依，隔不断那寂寞的相思。

从前，他们携手在春天里漫步。如今，纵然断带上留有旧时诗句，人却是各在一处，无法相聚了。"斑骓一系无寻处"，化用李商隐的诗句"斑骓只系垂杨岸，何处西南待好风"，将马系在垂杨边，仔细寻觅，却怎么也找寻不见她的踪影。

春天深处，日暖风和。他走不出寂寥。

垂杨岸，形单影只。一人，一马，一世界。

相思无处投寄，注定落地成霜。

辛苦最怜天上月，一昔如环，夕夕长如玦。

但似月轮终皎洁，不辞冰雪为卿热。

无奈钟情容易绝，燕子依然，软踏帘钩说。

唱罢秋坟愁未歇，春丛认取双栖蝶。

——《蝶恋花》

真实的生活里，残缺太多，圆满罕有。

情爱更是如此。往往是，离别很长，相聚很短；悲伤很深，欢情很浅。很多时候，爱情不过是一场烟花，刹那绚烂，旋即熄灭，从此了无痕迹。

不辞冰雪为卿热，这是纳兰的心愿。这里引用了荀奉倩的典故。《世说新语·惑溺》载：荀奉倩与妻子感情甚笃，某个寒冬妻子患病高烧不退，荀奉倩无计可施，只好脱掉衣服站在风雪中，然后回屋贴着妻子给她降温。后来，妻子不治而死，不久后荀奉倩也随之病故而去。

纳兰的意思是：世间若有完满，他们若能相守，他愿意用整个生命来爱她。但这，已是奢望。无奈的是，人已永别，燕子却仍旧轻轻地踏在帘钩之上，尽情地呢喃。这样的画面让他平添悲伤。曾经，他们亦是如此私语呢喃。

李贺《秋来》中有诗句："秋坟鬼唱鲍家诗，恨血千年土中碧。"纳兰写道："唱罢秋坟愁未歇，春丛认取双栖蝶。"意思是，隔着一层黄土，无论哀悼多少次，哭泣多少次，都无法唤醒长眠的她，这份悲愁，恐怕永远不会消解。他只剩这样的念想：死后化作花丛双蝶，生生世世，永不分离。

对世界，纳兰从无奢求，富贵荣宠，他都不在意。

对爱情，纳兰最是执着。他想要的就是，两个人，一个世界。

如果可以，他宁愿和妻子结庐乡野，莳花种草；他宁愿和妻子携着手远走天涯，看山看水。如果可以，他只愿将一束山花送给温婉的妻子，看她娇俏地笑。

可是，这"如果"二字，太悲凉。

世事冰凉，尘缘有定。一切都容不得假设。

该来的总会来，该去的自会去。就像花开花谢。

　　　飞絮飞花何处是？层冰积雪摧残。

　　疏疏一树五更寒。爱他明月好，憔悴也相关。

　　　最是繁丝摇落后，转教人忆春山。

　　湔裙梦断续应难。西风多少恨，吹不散眉弯。

——《临江仙·寒柳》

这是一个不安的季节。

柳絮纷飞，在快乐的人看来，那是一场生命的狂欢；而在落寞的人看来，那就是生命的飘零。飘零到水里，便是静默的浮萍，随水而走，不知所终。生命的归途，竟然这样寥落，这样凄冷。

无人过问，那些飘零的柳絮，到底去了何方。

就像那些早逝的生命，就像红颜薄命的妻子，踪迹已无。

她生如飘絮，早早地结束了红尘之旅，从此寂静无声。命运不堪，无言以对。月光如旧，无论尘世萧疏抑或欢愉，它总是那样，照临人间，亘古不变。看似在写明月，实则是纳兰自况，妻子虽已永诀，他的思念却不会淡去分毫。

柳丝摇落的时候，他又忆起了从前。因为那细柳，分明就是当年她的细眉，当年她翻遍眉谱，画出的就是这样细柳一般的弯眉。那时候，她静静地画眉，他静静地凝望，偶尔对望，时光旖旎。那些"赌书消得泼茶香"的柔软时光，宛如昨日。

梦断难续，寂寞难言。

满目西风，吹不散眉间紧锁的无尽忧愁。

生命注定孤独，亦是必然流逝的。世间之人都期待一个生命来与自己的生命对照，心有灵犀。似乎是这样，只要有那么一双眼睛，看过自己的人生和灵魂，即便有一天灰飞烟灭，这人生也就算真实地存在过了。

对纳兰来说，妻子卢氏就是那个人。

他们是心意相通的两个人，她懂他的悲喜。因为懂得，所以慈悲。

如花美眷，似水流年。这是他们的曾经。

而现在，故事破碎，时光凌乱。正如牡丹亭里所写："原来姹紫嫣红开遍，似这般都付与断井颓垣。良辰美景奈何天，赏心乐事谁家院。"白居易说，大都好物不坚牢，彩云易散琉璃脆。我们只能叹息。

往事，终会沉入岁月，再也无法重来。只是，痴情的人们总不免沉湎过往。故事里，你是朝云，我是夕雨；你是晨钟，我是暮鼓；你是锦瑟，我为流年。

词人笔下写道：欢乐趣，离别苦，就中更有痴儿女。

没有结局的故事太多，你要习惯相遇和离别。

岁月会记得你温柔赤诚的心。

惜花人去花无主

李商隐说，此情可待成追忆，只是当时已惘然。

爱情的世界，总是遗憾居多。终究，好梦易醒，彩云易散。

相爱之时，春江水暖，花开陌上，亦觉平常。

直到花落成冢，才知道那些平常的日子就是幸福。

生死只在一线之间。所谓生离死别，于这浩渺世界，不过是支离片段，就像一朵花的绽放与凋零，一片云的舒展与卷收。但于我们，便是悲喜两重天。正因如此，每段尘缘，每次相逢，我们都不应寻常视之。

辛弃疾那首《鹧鸪天》，非常符合纳兰此时的心境。

晚日寒鸦一片愁。柳塘新绿却温柔。

若教眼底无离恨，不信人间有白头。

肠已断，泪难收。相思重上小红楼。

情知已被山遮断，频倚阑干不自由。

若教眼底无离恨，不信人间有白头。

一颗心因离恨而碎，方知这世间真有一夜白头之事。

离肠寸断，泪流难收。望极千山万水，只见一片苍茫天地。

悲愁无法止步，孤独不可言说。

卢氏的灵柩在双林禅院停放了一年有余，之后才被安葬于北京西北郊皂甲屯叶赫那拉氏的祖茔。虽然心知生死两隔，但纳兰就是想让亡妻多停留些时日。

那一年，他时常流连于禅院，只为靠近那已逝之人。

暮鼓晨钟，青灯古佛，静穆中自有几分来去如尘的佛理。

佛说："命由己造，相由心生，世间万物皆是化相，心不动，万物皆不动，心不变，万物皆不变。"佛说："缘来则去，缘聚则散，缘起则生，缘落则灭，万法缘生，皆系缘分。缘来天注定，缘去人自夺，种如是因，收如是果，一切唯心造。"佛说："心动则物动，心静则物静。一念愚即般若绝，一念智即般若生。以物物物，则物可物；以物物非物，则物非物。"佛说："诸行无常，一切皆苦。诸法无我，寂灭为乐。"

佛法讲究放下执念，万事随缘。

正所谓：得失随缘，心无增减；有求皆苦，无求乃乐。

深情，也是执念的一种。情根深种，不是说放下就能放下的。

那年，纳兰在禅院读了许多佛经，《法华经》《楞严经》《大悲咒》都读了很多遍，却很难让那颗疼痛的心安定下来。他的词，仍是凄凉的写照。

挑灯坐，坐久忆年时。薄雾笼花娇欲泣，

夜深微月下杨枝。催道太眠迟。

憔悴去，此恨有谁知？天上人间俱怅望，

经声佛火两凄迷。未梦已先疑。

——《望江南》

心灰尽，有发未全僧。风雨消磨生死别，

似曾相识只孤檠，情在不能醒。

摇落后，清吹那堪听。淅沥暗飘金井叶，

乍闻风定又钟声，薄福荐倾城。

——《望江南》

双林禅院，在北京阜成门外二里沟。

如今，这里车尘马迹，只剩一片喧嚣。

但那时，纳兰容若，这痴情男子，曾在禅院里自我度化。

赵秀亭《纳兰丛话》载："性德有双调《望江南》二首，俱作于双林禅院。……此二词，显然为悼怀卢氏之作。其可怪者，何为屡栖佛寺？又何为每至佛寺辄生悼亡之感？久久寻思，始得恍然，盖卢氏卒于清康熙十六年（1677）五月，葬于十七年七月，其间一年有余，灵柩必暂厝于双林禅院也。性德不时入寺守灵，遂而有怀思诸作。"

身在禅院，纳兰也想了无杂念，忘却前尘往事。

可是，往事总会在不经意间浮起，一切都清晰如初。

这就是他的处境。宿于寺舍僧房，不但不能遗忘世俗情孽，反而更勾起对亡妻的刻骨怀念，他终究无法勘破情关，只能在这种似悟非悟的心灰意冷里继续自我深陷。

佛说，千年暗室，一灯即破。

但他，佛火之前，似有领悟，心境终是黯淡。

他说，有发未全僧。此处翻用陆游《衰病有感》"在家元是客，有发亦如僧"诗意，是想放下却又放不下的无奈。放不下，便只能承受生离死别的痛楚，在那似曾相识的孤灯之下，愁情萦怀，梦不能醒。

花落之后，任凭清风怎样吹拂，也是无动于衷。人更是如此，一别两天涯，再温柔的心也换不来旧梦重温。只怪福分太浅，如花美眷，转眼成了过往。风定之时，钟声响起，又是阵阵心疼。

痴情之人，往往执着。

于他们，一人离去，会荒芜整个世界。

顺治帝在董鄂氏离世后，黯然销魂，历史记载早亡，也有不少人认为遁入了空门；《红楼梦》里的贾宝玉，在黛玉死后悲伤欲绝，终于出家做了和尚。最爱的人离开，世界便只剩一片荒芜，与其滞留红尘，不如在佛火经卷里寻得几分安宁，了断余生。纳兰虽未出家，但妻子去世后，心中黯淡无光，也有撒手红尘的倾向。就词意来看，的确如此。

不管怎样，佛经深邃，对纳兰多少有些抚慰作用。一本《楞伽经》，他就时常捧在手中，静静地体会其中的空性。他为自己取了个别号：楞伽山人。大概是希望，了断悲喜，淡然而生。后来，岭南诗人梁佩兰在给他的哀诗中写道："佛说楞伽好，年来自署名。几曾忘凤世，早已悟他生。"

明代悟空禅师有一首《万空歌》：

天也空，地也空，人生渺渺在其中。

日也空，月也空，东升西坠为谁功？

> 金也空，银也空，死后何曾在手中？
>
> 妻也空，子也空，黄泉路上不相逢。
>
> 权也空，名也空，转眼荒郊土一封。

浮华世界，水月镜花。

兴许，一切都是空幻，山不是山，水不是水。

天地茫茫，人生渺渺。生于天地之间，如蜉蝣寄于世，朝生而夕死。风云叱咤，爱恨纠缠，无论怎样喧闹，总会归于沉寂。终究，于这世界，我们皆是过客。

人生幻梦，万古长空。生不带来，死不带去。

只不过，人们难免执念。为名为利，为情为爱，割舍不下。

执念在心，便是自我囚困。纳兰的深情，即是如此。

身在禅院，也终是经书佛火两凄迷。

事实上，曾几何时，纳兰对仙佛之事很感兴趣，《渌水亭杂识》中此类记载也比比皆是。康熙十五年（1676），一位名叫施道源的南方道士应康熙帝之邀进京设醮，祈雨禳灾。怀着好奇之心，纳兰与他有过数日之交。临别时，纳兰写了两首诗相赠，颇有道家空灵意味。

> 突兀穹窿山，丸丸多松柏。造化钟灵秀，真人爱此宅。
>
> 真人号铁竹，鹤发长生客。天风吹羽轮，长安驻云舄。
>
> 偶然怀故山，独鹤去无迹。地偏宜古服，世远忘朝夕。
>
> 空坛松子落，小洞野花积。苍崖采紫芝，丹灶煮白石。
>
> 檐前一片云，卷舒何自适。他日再相见，我鬓应垂白。
>
> 愿此受丹经，冥心炼金液。

紫府追随结愿深，曰归行色乍骎骎。

秋风落叶吹飞舄，夜月横江照鼓琴。

历劫飞沈宁有意，孤云去住亦何心。

贞元朝士谁相待，桃观重来试一寻。

他说，檐前一片云，卷舒何自适。

他说，历劫飞沉宁有意，孤云去住亦何心。

尘缘起灭如风，他是知晓的。只是，天生的痴情，永远改不了。

纳兰还曾钻研易理，写出了《易九六爻大衍之数解》，并且编辑了《合订删补大易集义粹言》。朱彝尊在《合订大易集义粹言》序中写道："吾友纳兰侍卫容若，以韶年登甲科，未与馆选，有感消息盈虚之理，读《易》渌水亭中，聚《易》义百家插架。于温陵曾氏种《粹言》、隆山陈氏友文《集传》精义，一十八家之说有取焉，合而订之，成八十卷。择焉精，语焉详。庶几哉有大醇而无小疵也乎。"

但是，对纳兰来说，这些都不比一片深情更有重量。

萧瑟兰成看老去。为怕多情，不作怜花句。

阁泪倚花愁不语，暗香飘尽知何处。

重到旧时明月路。袖口香寒，心比秋莲苦。

休说生生花里住，惜花人去花无主。

——《蝶恋花》

南朝的庾信，小字兰成，长大后才名卓著。可惜平生际遇坎坷，著有《伤心赋》等诗文，自我塑造的落魄伤心形象颇为成功，且对后世影响甚大。容若以他自比，取其同是伤心人之意。

不过，他没有庾信的坎坷多蹇，也没有所谓的怀才不遇，有的只是因深情而致的悲伤。人们说，身为男子，应当拿得起放得下；人们说，聚散皆是缘分，不应执迷。但他做不到，因为他是纳兰。即使情深不寿，也无妨。

这首《蝶恋花》写旧地重游，忆起昔日与妻子携手同游花间的情景。旧地重游，当年她留在袖口的香气已散，余温已寒。他们曾说，生生世世，在花间长住。如今，花失惜花人，人失其爱人，人花相对无语，心中滋味比秋莲更苦。

诗人说，人面不知何处去，桃花依旧笑春风。

物是人非，睹物思人，对长情之人来说，总是凄凉况味。

却也没有办法。浮华与爱恨，终会如尘埃般散尽。

有时候，短到刹那，亦是永恒。我们终将款款而抵别处的沉寂。

遇见，已是岁月最大的恩宠。

闲愁总付醉来眠

有晴有雨，才叫岁月；有明有暗，才叫生活。

生活二字，对任何人都是，一半明媚，一半忧伤。

人生的意义就在于，历经彻骨的寒冬洗礼，依然可以昂首站立在春天里。就像罗曼·罗兰所言，世界上只有一种英雄主义，就是看清生活的真相之后，依然热爱生活。

最爱的女子离世了，但生活并未画上句号。在长久的悲伤以后，纳兰从沉默中走了出来。正常来说，二十三岁，真正的生活才刚刚开始。而他，经历了生离死别，整个世界都不似从前明亮。

是秋天。一身秋凉，怎么都抖不去。西风萧瑟，落叶纷纷。

他从回忆里走出，再次踏入了那场叫作生活的梦里。

山河天地，市井苍生，和从前并无不同。

康熙十六年（1677）秋冬间，纳兰接到任命：乾清门三等侍卫。这与他的设想大相径庭。如果可以选择，他愿意做个散淡文臣，远离是非驱驰。但是没办法，皇命难违。事实上，给他这样的任命，恰能显出康熙帝对他的重视。

　　清太祖在统治时期建立了侍卫制度，但这时并不完善。随着清王朝入关以后统治地位的不断巩固和王朝制度的日趋完善，皇家的侍卫制度也逐渐完善起来。至康熙朝时，御前侍卫被正式固定封名，其次还有御前行走、乾清门侍卫、大内侍卫、乾清门行走等侍卫，其官位等级从正三品到正六品不等。其中以最靠近皇帝的御前侍卫荣耀和待遇最高。

　　清朝的御前侍卫必须由皇帝亲自选授，基本上都是从满、蒙古的上三旗贵族子弟中选拔，汉族子弟几乎没有资格。直至康熙年间，才增置了汉人侍卫，入选者都是武举中的高才生，但数量有限，且只能任大门侍卫，不能成为皇帝近侍。

　　侍卫通常是三四年一选。一旦选中，爵位低的从蓝翎侍卫干起，爵位高的从三等侍卫开始。侍卫级别分别为：蓝翎侍卫，正六品；三等侍卫，正五品；二等侍卫，正四品；一等侍卫，正三品。就官阶来看，不容小觑。

　　一般来说，侍卫隶属侍卫处，由领侍卫内大臣（正一品）领导。侍卫们在紫禁城里值班，基本职责就是在各处守大门。集合点分两处，太和门与乾清门，在太和门集合的俗称"大门侍卫"，在乾清门集合的叫"乾清门侍卫"。

　　故宫大致以乾清门东西延长线为界，北边叫内廷，南边叫外朝。大门侍卫负责外朝的各处大门，乾清门侍卫负责内廷的各处门户，但限于南北中轴线那部分皇宫，东西两侧的后宫是绝对不能靠近的。多数乾清门侍卫只在乾清门附近活动，因为皇帝读书的南书房、办公的上书房，就在乾清门北侧；日常休息的养心殿也离乾清门不远。

　　乾清门侍卫与大门侍卫有天壤之别。被选为乾清门侍卫，意味着有很大的升迁机会，未来极可能进入权力核心。乾清门侍卫中最优秀的被选为御前侍卫。乾清门侍卫和御前侍卫不属侍卫处，隶属于御前大臣（通常是王爷或军机大臣兼任）。御前侍卫按品级也是正三品一等侍卫，他们的职责除了在内廷侍值、稽查官员出入，还要扈从皇帝出行。

侍卫的衣着也值得一提，平时穿统一制式的石青色常服，正式场合穿蟒袍。三等侍卫以上，出宫的行服是黄马褂以及单眼花翎。

侍卫的待遇非常优厚，除了本身俸禄，还有各种形式的补贴和恩赏。更重要的是，侍卫的升迁调补途径要多于别的人员。虽是武官，但可以改任文职，勋贵子弟由侍卫改任文职，进入政界核心比较顺利。清朝有不少权臣，都是从侍卫做起，如索额图、明珠、隆科多、和珅、肃顺等。

对有志于仕途，愿意在其中沉浮的人来说，侍卫这个职位算是晋升的绝佳途径，比如明珠，比如和珅。对他们来说，钻营和算计，都是寻常之事，官场本就如此。但是对纳兰来说，这条路只有寂寥和索寞。乾清门侍卫，起点不低。可他并不为之庆幸。

他是个纯粹的诗人，天真有之，孤傲有之，纵逸有之。

山间水湄，浅斟低唱。这是符合他心性的生活。

蝇营狗苟，步步为营，这种日子他必然厌恶。

他喜欢纵情于天地间，无所羁束。但是现在，他做了侍卫，成了一枚棋子，在棋盘上任人摆布，如果说没有悲哀，那么，至少他感到愤懑。很显然，他能当上侍卫，除了康熙对他欣赏有加，明珠也费了不少力气。倘若他有混迹仕途的愿望，可以循着父亲的足迹，一步步登上顶峰。有明珠的荫庇，那样的路应该不会太艰辛。但他不喜欢。与争名夺利相比，他更喜欢吟风弄月。这是他的天性。

作为侍卫，皇帝在京时必须随时听从差遣；皇帝出巡时则随扈保驾；皇帝驻跸行宫也要戒备守卫；皇帝行围狩猎，更要执弓执矢，一边要射击猎物取乐皇帝，一边还要保护皇帝不受野兽侵袭；皇帝要检阅八旗官兵操练时，还须上场给他们表演示范，甚至与各营将领比武演练，来激发兵士的热情；有时侍卫还要担当皇帝的特使，被委派去执行一些特殊任务，比如到军前探询敌情。

日子苍白乏味，羁绊重重，纳兰苦不堪言。在他心里，侍卫的头衔像是给他套上了金枷玉锁，让他步履维艰。后来，在《致张纯修简》中，他这样写道：

鄙性爱闲，近苦鹿鹿。东华软红尘，只应埋没慧男子锦心绣肠。仆本疏慵，那能堪此。

一副锦绣心肠，埋没在侍卫生活中。

这无异于千里骏马，骈死于槽枥之间。

尽管"侍卫"两个字，对很多人来说，意味着荣耀与光明。

残灯风灭炉烟冷，相伴唯孤影。

判教狼藉醉清樽，为问世间醒眼是何人。

难逢易散花间酒，饮罢空搔首。

闲愁总付醉来眠，只恐醒时依旧到樽前。

——《虞美人》

百无聊赖的时候，只有文字相伴。

一壶酒，一阕词，举杯邀明月，对影成三人。

从紫禁城回到明府花园，纳兰始终郁郁寡欢，他不知道如何度过此后的侍卫生活。他的落寞，明珠夫妇并不明白。他们以为，他只是为妻子离世而伤怀。至于侍卫一职，在他们看来，就意味着锦绣前程唾手可得。

假如妻子没有去世，在纳兰惆怅之时，她可以懂他的无奈，为他烹茶，为他弹琴，安抚他那颗荒凉的心。有她知冷知热，至少他能感觉温暖。可是现在，她已不在，纳兰只有孤独的自己。妻子离世后的那段时间，他自己经常逗留于禅院，朋友们也是各自西东，渌水亭冷清了许多。秋天，顾贞观返京，倒是给了他不少慰藉。

康熙十七年（1678）夏，吴三桂在衡州称帝，国号大周。同年秋，吴三桂病死，平定三藩的形势陡变。叛军无首，众心瓦解。其孙吴世璠继承帝位。清军趁机发动进攻，从此叛军一蹶不振，湖南、广西、贵州、四川等地逐步为清军攻陷。

这年七月，卢氏的灵柩移出了双林禅院，入葬皂甲屯叶赫那拉氏祖茔。终于，纳兰最爱的女子，与他隔了厚厚的尘土。平湖词人叶舒崇撰写了卢氏的墓志铭，题为《皇清纳腊室卢氏墓志铭》。其中写道：

夫人生而婉娈，性本端庄，贞气天情，恭容礼典。明珰珮月，即如淑女之章；晓镜临春，自有夫人之法。幼承母训，娴彼七襄；长读父书，佐其四德。高门妙拣，首闻敬仲之占；快婿难求，独坦右军之腹。年十八，归余同年生成德，姓纳腊氏，字容若。乌衣门巷，百两迎归；龙藻文章，三星并咏。

…………

康熙十六年五月三十日卒，春秋二十有一。生一子海亮。容若身居华阀，达类前修。青眼难期，红尘寡合。夫人境非挽鹿，自契同心；遇譬游鱼，岂殊比目。抗情尘表，则视有浮云；抚操闺中，则志存流水。于其没也，悼亡之吟不少，知己之恨尤深。

今以十七年七月二十八日葬于玉河皂荚屯之祖茔。木有相思，似类杜原之兆；石曾作镜，何年华表之归。睹云气而徘徊，怅神光之离合。呜呼哀哉！

…………

深情不灭，但那场爱情，却从此成了绝响。

纳兰失去的，不只是妻子，更是一位红颜知己。

所以，此后他的词，悼亡之吟不少，知己之恨尤深。

有首歌叫《后会无期》，其中唱道："当一艘船沉入海底，当一个人成了谜，你不知道，他们为何离去，那声再见竟是他最后一句；当一辆车消失天际，当一个人成了谜，你不知道，他们为何离去，就像你不知道这竟是结局。"

有些离别是有下文的。而有些离别，是永远。

这水远山高的人世，终究要自己走下去。

聚散自古匆匆

出郭寻春春已阑。东风吹面不成寒。青村几曲到西山。

并马未须愁路远，看花且莫放杯闲。人生别易会常难。

——《浣溪沙·郊游联句》

西风几度悲画扇

至情至性的纳兰，一旦认定，便会倾情付出，毫无保留。正因如此，失去的时候，伤痕太深，以至于无法抹平。重情之人，也必然为情所困所伤。纳兰此生，终要在这个情字上周旋，悲喜苦乐，都与之相关。

如鱼饮水，冷暖自知

世间之人，都希望渡过沧海，逢着春林繁盛。

实际上，春林秋水，都在我们心里。心若温暖，所见皆是陌上花开。

反之，心若凄凉，足迹所至，俱是荒野。

纳兰，终其一生，似乎从未远离凄凉。但他的世界，西风四起，却并不荒芜。事实上正好相反，他有一颗透明的心，有一腔灵秀的情怀，有一群风雅的朋友。因为这些，纵是满地萧索，他也能从这萧索中寻得烟雨迷蒙的况味。三百多年后，我们仍在怀念他，就可见，他的人生虽有缺憾，却足够丰厚。

身为侍卫，纳兰不自由，也不快乐。但不管怎样，生活还得一天天地过。康熙十六年底，纳兰忙里偷闲，收集最近几年新写的词，打算将其与《侧帽词》合并，重新结集。他为新的词集取名《饮水词》。名字取自宋·岳珂《桯史·记龙眠海会图》："至于有法无法，有相无相，如鱼饮水，冷暖自知。"

如鱼饮水，冷暖自知。这是纳兰对生活的感慨。

其实，世间所有人都是如此，甘苦悲欣，只有自己了然。

康熙十七年（1678），康熙帝多次出行，在京畿附近巡视，三月到霸州、赵北口；五月到碧云寺、石景山、南苑；九月到遵化；十一月在滦河阅三屯营兵。纳兰虽不情愿，也只能扈从前往，日子忙碌而又乏味。

词收集整理完毕，但刻印的事情，纳兰无暇去做，只好交给顾贞观。顾贞观，不愧是纳兰的至交，才回京数月，便又带着朋友的托付起程南下了。

康熙十七年初，《饮水词》刻印完成。顾贞观约见了扬州词人吴绮。吴绮，字园次，一字丰南，号绮园，又号听翁。顺治十一年（1654）贡生，荐授弘文院中书舍人，升兵部主事、武选司员外郎。又任湖州知府，以"多风力、尚风节、饶风雅"，时人称之为"三风太守"。后失官，再未出仕。

吴绮有"红豆词人"之称。他的词，小令多描写风月艳情，笔调秀媚，题材狭窄。长调意境和格调较高。另外，他也能诗，模仿徐陵、庾信，以清新为尚，骈文学李商隐，以秀逸见胜，比诗名更著。应顾贞观之请，吴绮为《饮水词》撰写了序言。其中写道：

　　迩因梁汾顾子，高怀远询《停云》；再得容若成君，新制仍名《饮水》。披函昼读，吐异气于龙宾；和墨晨书，缀灵葩于虎仆。香非兰茞，经三日而难名；色似蒲桃，杂五纹而奂辨。汉宫金粉，不增飞燕之妍；洛水烟波，难写惊鸿之丽。

　　盖进而益密，冷暖只在自知；而闻者咸歔，哀乐浑忘所主。谁能为是，辄唤奈何。则以成子姿本神仙，虽无妨于富贵；而身游廊庙，恒自托于江湖。故语必超超，言皆奕奕。

水非可尽，得字成澜；花本无言，闻声若笑。时时夜月，镜照眼而益以照心；处处斜阳，帘隔形而不能隔影。才由骨俊，疑前身或是青莲；思自胎深，想竟体俱成红豆也。

嗟乎！非慧男子不能善愁，唯古诗人乃云可怨。公言性吾独言情，多读书必先读曲。江南肠断之句，解唱者唯贺方回；堂东弹泪之诗，能言者必李商隐耳。

茁次吴绮序于林蕙堂。

吴绮之所以答应写这篇序言，是因为激赏纳兰的才情。

这位花甲之年的江南文人，乍见纳兰词，便觉得沁人心脾。

只因那些悲伤与寥落里头，有空灵澄净，有至纯至真的性情。关于纳兰，吴绮说：出身富贵，却自有神姿仙态；身在庙堂，却最爱江湖风月。他说："才由骨俊，疑前身或是青莲；思自胎深，想竟体俱成红豆也。"意思是，纳兰前身许是青莲，因此天赋异禀，生来便似相思红豆幻化而来。

他说："非慧男子不能善愁，唯古诗人乃可云怨。"这恰是纳兰写照。忧愁与惆怅，都可以行之于诗文。这两句，顾贞观斟酌许久，略做修改，也补了篇《饮水词序》。

非文人不能多情，非才子不能善怨。

《骚》《雅》之作，怨而能善，惟其情之所钟为独多也。

容若天资超逸，翛然尘外，所为乐府小令，婉丽凄清，使读者哀乐不知所主，如听中宵梵呗，先凄婉而后喜悦。定其前身，此岂寻常文人所得到者？昔汾水秋雁之篇，三郎击节，谓巨山为才子。红豆相思，岂必生南国哉！

苏友谓余，盍取其词尽付剞劂。因与吴君菌次共为订定，俾流传于世云。

同学顾贞观识。时康熙戊午又三月上巳，书于吴趋客舍。

非文人不能多情，非才子不能善怨。

多情与善怨，只有在真正的文人才子那里，才能理所应当。

无灵慧之心，无俊雅之气，情和怨难免庸俗。

这年秋天，纳兰在忙碌之余，终得几日闲暇，来到京城西郊的见阳山庄。山庄的主人张见阳，是纳兰在国子监时的同窗，也是交情笃厚的朋友。见阳山庄坐落于北京西山潭柘寺、戒台寺附近。从施闰章的一首诗可以了解山庄的周围环境："马首看山日向西，蓝田庄好一招携。萝阴别馆绿溪静，竹外繁花拂槛低。雨过林深云不散，残春谷暖鸟初啼。千峰四面青如许，醉逐东风信杖藜。"

张见阳，原名张纯修，字子敏，号见阳，又号敬斋，直隶丰润人。汉正白旗籍。擅山水，得董源、米芾之沉郁，兼倪瓒之逸淡。尤妙临摹，盖其收藏颇多，故能得前人笔意。又工书法，学晋唐人体势，并善刻印。康熙时，名播士大夫间，当时名流如高士奇、曹寅等都与他交情匪浅。

康熙十八年（1679），张见阳以进士第授江华县令，官至庐州知府。纳兰去世后，张见阳为其辑刻《饮水诗词集》并作序，称其"所以为诗词者，依然容若自言'如鱼饮水，冷暖自知'而已"。二人的友谊是互"不以贵游相待"，而以诗词唱酬、书画鉴赏相交契。

山居之处，只有林壑幽美，并无车马喧嚷。

虽是秋天，西风瑟瑟，仍有几分东篱南山的悠闲。

纳兰写了首《菩萨蛮》，对山居的幽僻生活很是羡慕。

车尘马迹纷如织，羡君筑处真幽僻。柿叶一林红，萧萧四面风。

功名应看镜，明月秋河影。安得此山间，与君高卧闲。

通常，人在对自己所处现状不满之时，一颗比照之心会凸显得愈发强烈。那日，他的整个情绪，都直直地落进了一个"羡"字里。正值秋季，山林之中处处叶红，一如旖旎云霞所笼，林野寂寂，树叶萧萧，清风徐徐而来，顿感四面幽凉，通透怡然。此时此境，清幽僻静，他不禁想到，自己身处繁华之中，楼台锦衣，车尘马迹，纷纷如织，却没有多少滋味，不由得心底生出了盛烈的情意，又羡又叹。

他叹："功名应看镜，明月秋河影。安得此山间，与君高卧闲。"人生在世，利禄功名不过是镜中之花、河中月影。若要强求追逐，到头来终是两手空空，富贵荣华终不过刹那。若能在山间安然而居，与友人一同高枕山风而卧，闲看流云舒卷花开叶落，饮酒赋诗写字作画，一生隐逸，该有多好。

高卧山中，把盏欢歌。很美，却是奢望。

纳兰，虽然看透了浮名，却终究逃不过命运。

走下山，日子还是从前的日子，生活还是从前的生活。

第二年秋天，张见阳南行，赴湖南江华任县令。纳兰为之饯行，有数首诗词相赠。比如，《菊花新·送张见阳令江华》，比如《蝶恋花·散花楼送客》。

愁绝行人天易暮，行向鹧鸪声里住。

渺渺洞庭波，木叶下楚天何处？

折残杨柳应无数，趁离亭笛声催度。

有几个征鸿相伴也，送君南去。

城上清笳城下杵。秋尽离人，此际心偏苦。

刀尺又催天又暮，一声吹冷蒹葭浦。

把酒留君君不住。莫被寒云，遮断君行处。

行宿黄茅山店路，夕阳村社迎神鼓。

黯然销魂者，唯别而已矣。

对纳兰来说，所有的离别都是西风叶落滋味。

但是这天，除了离愁别绪，纳兰更多的是对好友安危的担忧。江华曾一度为三藩叛军所占据，清军刚收复江华不久张见阳即被派去任职。纳兰深知此时的江华战火未息，民生艰难，且江华历来是多民族交汇地区，冲突时有发生，张见阳此行未必安然无恙。

但是作为朋友，纳兰不断勉励张见阳要莫惧寒云，要在满目疮痍中成就一番大业。因为十分牵挂，他又在一首五律中写道："楚国连烽火，深知作吏难。吾怜张仲蔚，临别劝加餐。"分袂之后，又雁书不断，足见二人情谊。

送别回来，纳兰又悻悻地回到了侍卫的生活中。

紫禁城，天子近旁，他仿佛身陷囹圄，孤独不可言说。

如鱼饮水，冷暖自知。

人生别易会常难

淡酒一壶，知己三五。

只谈江山风月，不说名利前程。

这是纳兰喜欢的情节。他喜欢，远离繁华喧嚷，于清静之地，言欢把盏，醉意翩跹。对他来说，与知交好友对饮倾谈，其中的真实与畅快，才是人生该有的滋味。

终其一生，真正给过他温暖和慰藉的，除了父母以及几个情意绵长的女子，便只有那些朋友了。困顿失意、彷徨惆怅，有好友相伴，花间篱下，对酒当歌，自有几分萧瑟中的风轻云淡。

至情至性的纳兰，一旦认定，便会倾情付出，毫无保留。正因如此，失去的时候，伤痕太深，以至于无法抹平。重情之人，也必然为情所困所伤。纳兰此生，终要在这个情字上周旋，悲喜苦乐，都与之相关。

在他心里，朋友即是朋友。

来自何方，年岁几何，清贫富贵，都无足轻重。

他想要的，只是性情相投，彼此肝胆相照。

因为一件事，冷清了许久的渌水亭，又渐渐热闹了起来。

打造一个清平盛世，必须广纳天下贤才。为此，康熙帝求贤若渴。只是，许多明代遗贤因为文人以及民族气节，始终对清廷因心存芥蒂而疏远。比如李颙、顾炎武、黄宗羲、孙奇逢等人，虽被康熙帝以大儒相待，却一直高卧不出。

为了笼络汉族士大夫，康熙十七年（1678）正月，康熙帝下诏特开博学鸿儒科，选拔才华出众之士。早在唐朝，就有了博学宏词科这个名目，是在进士及第的读书人当中再做精选，考中者就是进士中的进士，状元中的状元。到了清朝，博学宏词科改名为博学鸿儒科，意义却与以前大相径庭，是为了网罗天下知名的在野文士，为朝廷所用。

康熙降谕宣称："凡有学行兼优、文词卓越之人，不论已仕、未仕，令在京三品以上及科道官员，在外督抚布按，各举所知，朕将亲试录用。"大学士李霨等遵旨荐举七十余人。各地名流学者、怀才不遇之士，皆在被荐之列。考试时间定为次年三月，对于应考之人，每月每人给俸银三两、米三斗，让他们研练辞赋，保证温饱。

于是，一时间，天下名士会集京师。纳兰的朋友，朱彝尊、秦松龄、严绳孙、姜宸英等人陆续来到了京城。妻子去世后，纳兰的心境总是阴郁。好友重聚，纳兰心情明朗了不少。除了故旧，纳兰还结识了新友陈维崧。两人有不少共同的朋友，早已彼此闻名。都是性情中人，一见如故，毫无隔阂。

陈维崧，字其年，号迦陵，宜兴人。明末清初词坛第一人，阳羡词派领袖。明末四公子之一陈贞慧之子。少有才名，十七岁应童子试，被阳羡令何明瑞拔童子试第一。与吴兆骞、彭师度同被吴伟业誉为"江左三凤凰"；与吴绮、章藻功称"骈体三家"。

渌水亭，一草一木，都见证了那次欢聚。

围炉对酒的日子过去，转眼已是春天，莺飞草长。

文人墨客，田园雅集，听来便有几分风雅中的醉意。

晋永和九年（353）三月三日，天朗气清，惠风和畅。那个叫作王羲之的文人，邀请了谢安、孙绰等数十位文人雅士，相聚于会稽山阴之兰亭，曲水流觞，饮酒作诗。酒意正浓的时候，王羲之提笔在蚕纸上畅意挥毫。于是就有了冠绝千古的《兰亭序》。

夫人之相与，俯仰一世。或取诸怀抱，晤言一室之内；或因寄所托，放浪形骸之外。虽取舍万殊，静躁不同，当其欣于所遇，暂得于己，快然自足，曾不知老之将至。及其所之既倦，情随事迁，感慨系之矣。向之所欣，俯仰之间，已为陈迹，犹不能不以之兴怀。况修短随化，终期于尽。古人云："死生亦大矣。"岂不痛哉！

北宋元祐元年（1086），苏轼、黄庭坚、李公麟、米芾、秦观、晁补之、张耒等文士齐集在驸马王诜的庭园之中，流连诗酒，笑谈沧桑，这就是有名的西园雅集。那日，清风徐徐，流水潺潺；吟诗作画，醉意阑珊。李公麟乘兴作画，将参与者尽揽画中，这幅画就是《西园雅集图》。

米芾为此图作记，即《西园雅集图记》。内容是这样："水石潺湲，风竹相吞，炉烟方袅，草木自馨。人间清旷之乐，不过于此。嗟呼！汹涌于名利之域，而不知退者，岂易得此耶。"

追名逐利之人，不会明白其中的乐趣。

山水草木之情，丹青书画之乐，最是让人陶醉。

心若有尘埃，便无法触及这般快慰。

现在，时光流到了康熙十八年春。渌水亭里，诗意盎然，挥毫用墨，吟诗赋词，抚琴唱和，把酒言欢，极是畅快淋漓。只有身在这样的情境中，纳兰的世界才是明亮的。

那日，兴之所至，他们玩起了联句成词的游戏。刻烛为诗，不求铺张学海，但须抒写性情。于是，便有了一首《浣溪沙·郊游联句》：

> 出郭寻春春已阑。　（陈维崧）
>
> 东风吹面不成寒。　（秦松龄）
>
> 青村几曲到西山。　（严绳孙）
>
> 并马未须愁路远，　（姜宸英）
>
> 看花且莫放杯闲。　（朱彝尊）
>
> 人生别易会常难。　（纳兰容若）

所有的明朗疏淡处，总有暗沉萧索，这就是生活的真相。

纳兰看得清楚。于是，醉意阑珊的时候，忍不住感叹别易会难。

不久之后，纳兰撰写了《渌水亭宴集诗序》。

清川华薄，恒寄兴于名流；彩笔瑶笺，每留情于胜赏。

是以庄周旷达，多濠濮之寓言；宋玉风流，游江湘而托讽。文选楼中揽秀，无非鲍、谢珠玑；孝王园内搴芳，悉属邹、枚黼黻。

予家象近魁三，天临尺五。墙依绣堞，云影周遭；门俯银塘，烟波滉漾。蛟潭雾尽，晴分太液池光；鹤渚秋清，翠写景山峰色。云兴霞蔚，芙蓉映碧叶田田；雁宿凫栖，杭稻动香风冉冉。设有乘槎使至，还同河汉之皋；倘闻鼓枻歌来，便是沧浪之澳。若使坐对庭前渌水，俱生泛宅之思；闲观槛外清涟，自动浮家之想。何况仆本恨人，我心匪石者乎？

间尝纵览芸编，每叹石家庭树，不见珊瑚；赵氏楼台，难寻玑瑁。又疑此地田栽白璧，何以人称击筑之乡；台起黄金，奚为尽说悲歌之地？偶听玉泉呜咽，非无旧日之声；时看妆阁凄凉，不似当年之色。此浮生若梦，昔贤于以兴怀；胜地不常，曩哲因而增感。王将军兰亭修禊，悲陈迹于俯仰，今古同情；李供奉琼筵坐花，慨过客之光阴，后先一辙。但逢有酒开尊，何须北海；偶遇良辰雅集，即是西园矣。

且今日，芝兰满座，客尽凌云；竹叶飞觞，才皆梦雨。当为刻烛，请各赋诗。宁拘五字七言，不论长篇短制。无取铺张，学海所期，抒写性情云尔。

浮生若梦，胜地不常。

我们就在这如梦的人生里，停停走走，相聚别离。

直到灯火阑珊，直到物是人非。终于，只剩独自的对酒沉默。

唐玄宗开元二十一年（733），豪纵放旷的李白与堂弟们于春夜宴饮赋诗，结束之后写了《春夜宴从弟桃花园序》。诗人里头，没几人能如李白狂放飘逸。但是人生聚散无常，他也免不得感慨丛生：

夫天地者，万物之逆旅也；光阴者，百代之过客也。而浮生若梦，为欢几何？古人秉烛夜游，良有以也。况阳春召我以烟景，大块假我以文章。会桃花之芳园，序天伦之乐事。群季俊秀，皆为惠连；吾人咏歌，独惭康乐。幽赏未已，高谈转清。开琼筵以坐花，飞羽觞而醉月。不有佳咏，何伸雅怀？如诗不成，罚依金谷酒斗数。

　　天地茫茫，光阴易逝，人生短暂，欢乐甚少。

　　所有的盛筵，都有散场之时。阑珊的灯火里，总有萧疏的背影。

　　相见时难别亦难，东风无力百花残。感叹的是诗人，经历的是芸芸众生。

西风吹冷长安月

万卷书容闲客览，一樽酒待故人倾。

如周作人所言：得半日之闲，可抵十年的尘梦。

婆娑世界，最有味的，莫过于诗酒清欢。只不过，生于尘世，繁华逐眼，人们总不免带着俗心，追逐寻觅，挣扎迷惘。严绳孙有首《自题小画》："占得红泉与绿芜，不将名字挂通都。君看沧海横流日，几个轻舟在五湖。"繁华醉人，利名牵绊，没有几个人能够真正洒脱地跳出来，独面山水渔歌。

康熙十八年（1679）三月初一，博学鸿儒科在紫禁城体仁阁开考。三月二十九日，博学鸿儒科发榜。在纳兰的朋友中，朱彝尊、陈维崧、秦松龄、严绳孙被录取。姜宸英名落孙山。

严绳孙是明朝尚书严一鹏的孙子。他喜欢隐逸生活，几无仕进之心，此时年近花甲更是喜欢散淡清静。考试那日，以眼疾为借口，只作了一首《省耕诗》便退场了。但因康熙帝久闻其才名，特谕阁臣说："史局中不可无此人。"遂取为二等。

此次博学鸿儒科，取中一等二十名，二等三十名。经反复商酌，最后决定从优都以翰林用，根据其现任、候补、已仕、未仕等情况，分别授以侍读、侍讲、编修、检讨等职。另据康熙谕旨，在与试未中者间择年高之布衣处士陕西孙枝蔚等七人，以及来京后因年老未与御试的太原傅山、定兴杜越，也特旨授内阁中书。

考取者不仅参与修史，而且其中汤斌、秦松龄、曹禾、朱彝尊、严绳孙等，曾被选任日讲起居注官；陆柔、朱彝尊等，先后入直南书房。

这世上有太多的事与愿违。独爱幽隐的严绳孙，一首诗即敲开了魏阙之门；有心进取的姜宸英，苦心孤诣却是折戟沉沙。康熙帝是知道姜宸英的，他曾问及侍臣："闻江南有三布衣（朱彝尊、严绳孙、姜宸英），尚未仕耶？"又曾言"姜西溟古文，当今作者"。不知何故，姜宸英竟然不中。

直到十八年后，姜宸英才以七十高龄得中进士，授翰林院编修。两年后，康熙三十八年（1699），姜宸英与同榜状元李蟠任顺天乡试主考官。因李蟠不徇私，唯才是举，考试后被一些举子中伤，当时落第士子戏称："老姜全无辣味，小李大有甜头。"江南道监察御史鹿佑上疏弹劾，姜宸英与李蟠入狱。后来，尽管康熙查明真相，还二人以清白，姜宸英却已死于狱中。死前自拟挽联：

这回算吃亏受罪，只因入了孔氏牢门，坐冷板凳，作老猢狲，只说是限期弗满，竟挨到头童齿豁，两袖俱空，书呆子何足算也；

此去却喜地欢天，必须假得孟婆村道，赏剑树花，观刀山瀑，方可称眼界别开，和这些酒鬼诗魔，一堂常聚，南面王以加之耳。

他素来孤傲，少有人能入他的眼。

但就是这个独来独往的人，却与纳兰情深义重。

后来，纳兰病故，姜宸英在祭文中写道："兄一见我，怪我落落。转亦以此，赏我标格。……数兄知我，其端匪一。我常箕踞，对客欠伸。兄不予傲，知我任真。我时嫚骂，无问强弱，兄不予狂，知予嫉恶。激昂论事，眼瞪舌槁。兄为抵掌，助之叫号。有时对酒，雪涕悲歌。谓予失志，孤愤则那。彼何人斯，实应且憎，予色拒之，兄门固扃……"

虽然是个落拓布衣，但姜宸英自恃才华，到哪里都嬉笑怒骂。纳兰不以为忤，反而谦恭有加。他知道，狂傲狷介，任性天真，是才子该有的特质。

纳兰重情重义。对待朋友，他始终温暖。姜宸英落榜，生活困窘，纳兰及时伸出了援手，解决了他的生计问题。后来，姜宸英回忆说："我蹶而穷，百忧萃止。是时归兄，馆我萧寺。"自然，他亦一直感念。那个纯真的大孩子，不愿任何朋友承受苦难。

这个春天，他写了首《金缕曲·慰西溟》，安慰失意的姜宸英：

何事添凄咽？但由他、天公簸弄，莫教磨涅。失意每多如意少，终古几人称屈。须知道、福因才折。独卧藜床看北斗，背高城、玉笛吹成血。听谯鼓，二更彻。

丈夫未肯因人热。且乘闲、五湖料理，扁舟一叶。泪似秋霖挥不尽，洒向野田黄蝶。须不羡、承明班列。马迹车尘忙未了，任西风、吹冷长安月。又萧寺，花如雪。

　　这首词，上片直奔主题，劝慰好友不要哭泣，虽然命途多舛，在科场上屡次折戟，但不要被这些琐事消磨了意志。接着，他又说古往今来，凡是有旷世之才的人多失意潦倒，是被过高的才华折损了福分。不如独自闲卧在莱草编成的床上高眠，抬头仰望天上的北斗七星，远离繁华热闹的都市，吹玉笛抒发自己心中的悲愁。

　　下片紧承上文，继续安慰姜宸英说，大丈夫不要因为仕途不顺就焦躁急切，不要热衷于求取功名。今番求官不成，暂且也像范蠡一样，泛舟五湖，不也挺逍遥自在的吗？

　　劝慰的话题，由身内的才性，转向身外的虚名。谓泪水就像秋日淫雨挥之不尽，但这伤情之泪，必须洒向野田黄蝶，洒向真正的知己。他说，莫要羡慕承明殿旁那长长的朝班的行列。

　　马迹车尘，从来就忙个不停。

　　万户捣衣，任凭西风吹冷长安的一片月色。

　　此时，清净的萧寺，更是繁花如雪。

　　是劝慰好友，亦是自我安慰。他的人生，就俗世逻辑来看，并未遭受多少挫折，只是来去匆匆罢了。但实际上，他所过的生活与他的心愿有着云泥之别。五湖料理，扁舟一叶，这才是能让他心生欢喜的日子。很可惜，在离世之前，他始终是个侍卫，被囚困了八年。

　　姜宸英曾受纳兰之请，借住于明珠府邸。事实上，明珠也很看重姜宸英的才华，甚至还说"颇欲援先生登朝"。但是因为姜宸英狂傲的性格，明珠终于未能对他的仕途有所帮助。当时，明珠家中有宠仆安三，是朝中官员巴结的对象，唯姜宸英视之如仆。

　　纳兰劝他说："我父亲待您不薄，您如果稍微圆融些，很多事就容易了。"没想到姜宸英听后大怒，"投杯而起"，让我趋炎附势？绝无可能！纳兰无奈，也为姜宸英的气势震慑，"百计请罪于先生"。至于安三，"知之，恨甚"。不过，这件事并不妨碍他们倾心相交。康熙十八年秋，姜宸英母亲过世，纳兰资助他回慈溪故里奔丧，并且作词相赠。

谁复留君住。叹人生、几翻离合，便成迟暮。最忆西窗同剪烛，却话家山夜雨。不道只、暂时相聚。衮衮长江萧萧木，送遥天、白雁哀鸣去。黄叶下，秋如许。

曰归因甚添愁绪？料强似、冷烟寒月，栖迟梵宇。一事伤心君落魄，两鬓飘萧未遇。有解忆、长安儿女。裹饭入门空太息，信古来、才命真相负。身世恨，共谁语？

——《金缕曲》

长安一夜雨，便添了几分秋色。奈此际萧条，无端又听，渭城风笛。咫尺层城留不住，久相忘、到此偏相忆。依依白露丹枫，渐行渐远，天涯南北。

凄寂。黔娄当日事，总名士如何消得。只皂帽寒驴，西风残照，倦游踪迹。廿载江南犹落拓，叹一人知己终难觅。君须爱酒能诗，鉴湖无恙，一蓑一笠。

——《潇湘雨·送西溟归慈溪》

尽管，姜宸英因母丧而南归，纳兰却绝少言此。

他更多的，是对好友有报国之志却屡试不中的惋惜。

他们之间，留下了多首交游诗与赠别词，在荒凉尘世，互相懂得，彼此记挂。人生难得一知己，经由姜宸英，我们认识了重情重义的纳兰容若；经由纳兰，我们理解了"才命相负"的姜宸英。

纳兰说，鉴湖无恙，一蓑一笠。

可惜，姜宸英不是严绳孙，功名之心，尚未脱略。

孤舟蓑笠，独钓江雪，是纳兰的理想。

但他与山间云下的日子离得很远。西风吹冷长安月，这是他的真实处境。扈从皇帝到处行走，偶有壮怀之心，却又在顷刻间被寂寞吞噬。

姜宸英南归后，写信给纳兰，感谢他的资助周济。信中说纳兰"轸念贫交，施及存殁。使藐然之孤，虽不能尽养于生前，犹得慰所生于地下"。纳兰写诗遥寄：

> 廿载疏狂世未容，重来依旧寺门钟。
> 晓衾何处还家梦，惟有凉飙起古松。

信寄出去了，人却在回忆里。

那时候，他们经常同游酬唱，一次，晚酌时，姜宸英赋诗《容若邀游城北庄，移舟晚酌》：

> 散漫杨花雪满堤，停船只在画廊西。
> 东风底事吹归急，不管狂夫醉似泥。

后来，人各南北，诗酒渐凉。

长安一夜雨，便添了几分秋色。

依依白露丹枫，渐行渐远，天涯南北。

赏心应比驱驰好

每个日子，都是岁月的恩赐。

草青草黄，月升月落，都算是沿途风景。

只是，心若不定，难免感伤于落花流水春去。那些心如止水的人，并非对世间之事失去了兴致，而是明白了残缺才是生活的常态，从而学会了宽容不完美。纳兰属于前者。

一场诗酒盛筵之后，渌水亭又渐呈萧疏模样。

朱彝尊、严绳孙、陈维崧、秦松龄，授翰林院检讨，参与编修《明史》。

姜宸英丁忧南归，张见阳远去赴职，顾贞观尚未返京。

纳兰的生活，再次恢复索然。一切，都少有滋味。

御前侍卫，不是他想要的身份。但康熙帝欣赏他的才华，让他随侍左右，扈驾出行。天子亦孤独，放眼一望，文才武略、志趣高洁、可倾心交谈者甚少。从某些角度来看，纳兰算是康熙帝的知己。自然，御前侍卫前景无限，纳兰是知道的，但他不喜羁绊。

天子近臣，不如渌水亭主人来得逍遥自在。御前侍卫一职，甚是辛劳。鞍前马后，巨细无分。纳兰恪尽职守，旦夕不懈。文之上，他陪天子谈诗论词；武之上，他佑天子龙体安全。

若非要说扈从皇驾之好处，那就是随君南北，既可远离宫中纷争，避其丑陋面容，又可些许摆脱绵绵难绝的悼亡之苦，还可观风赏景，以娱性情。事实上，风餐露宿、山水兼程的旅途，也令纳兰词句渐趋意境阔大、浑然天成。

> 古木向人秋，惊蓬掠鬓稠。是重阳、何处堪愁。
>
> 记得当年惆怅事，正风雨，下南楼。
>
> 断梦几能留，香魂一哭休。怪凉蟾空满衾裯。
>
> 霜落乌啼浑不睡，偏想出，旧风流。
>
> ——《唐多令·塞外重九》

已是康熙十八年深秋了。

纳兰在回忆不久前的那件事，心有余悸。

康熙十八年七月二十八日，北京发生了一场强烈地震。这次地震的震级高达八级，震中在平谷、三河一带，地震波及范围除京城外，还包括周围的河北、山西、陕西、辽宁、山东等省，共计两百余州县。地震给京城带来了巨大的破坏。

据释大汕《离六堂集》记载："己未七月二十八日，塞北天摇地震从来无。据闻燕客说，眼见井泉枯，凭空崩倒玉填朱璧之银安殿，几处倾翻琉璃玢琭之金浮图。才说通州忽然陷，又说漏干九曲运粮河。起止不定水与陆，经过何处不啼哭！最是宛平县惨伤，皇天后土竟翻覆。一响摧塌五城门，城中裂碎万间屋。前街后巷断炊烟，帝子官民露地宿。露地宿，不足齿。万七千人屋下死，骨肉泥糊知是谁？收葬不尽暴无已。亲不顾，友不留，晨夕啾啾冤鬼愁……"

顾景星《白茅堂集》载："七月二十八日庚申时加辛巳，京师地大震，声从西北来，内外城官军民死不计其数，大臣重伤。通州、三河尤甚，总河王光裕压死。是日黄沙冲空，德胜门内涌黄流，天坛旁裂出黑水，古北口山裂。大震之后，昼夜长动。"

这次地震后，余震不断。据史料记载，七月二十八日初震后，二十九日、三十日复大震，通州、良乡等城俱陷，裂地成渠，流出黄黑水及黑气蔽天。八月初一、十三日、二十五日又大震动；九月初八、十二、十三复大震如初。

关于这次死亡的人数，释大汕《离六堂集》中记载是"万七千人"，而北京城内死亡四百八十五人。除了为数众多的老百姓在这次地震中死去外，还有很多官员也死在了这次地震中，包括内阁学士王敷政、掌春坊右庶子翰林侍读庄冏生、原任总理河道工部尚书王光裕。据叶梦珠《阅世编》记载，王光裕一家四十三口死于这次地震。

据统计，仅京城倒屋一万二千七百九十二间，坏房一万八千零二十八间。京城里的城堞、寺观、坛塔、衙署、会馆、桥梁等建筑遭到极大破坏。固若铜墙铁壁的紫禁城也未能幸免。养心殿、慈宁宫、永寿宫、乾清宫、保和殿、武英殿等均有损伤。

关于纳兰在此次地震中所历之事，姜宸英在《纳腊君墓表》中似有所涉及，却又述之不详，有关纳兰传记文献也未见提及。我们只能根据姜宸英记述的文字进行推测。他在墓表中说，纳兰有一次"侍上西苑，上仓卒有所指挥，君奋身为僚友先。上叹曰：'此富贵家儿，乃能尔耶！'"此事发生皇家园林西苑（太液池畔）。

康熙帝，是历经风雨洗礼的千古一帝，此时的他已有了处变不惊的王者气度。即使如此，地震来得突然，他也不免惊慌。这次地震延续了三月之久，皇帝、太子和贵族们离开皇宫，住在帐幕内。

那日早朝，玄烨听罢政事，按惯例诣慈宁宫向太后问安，完成一套程序后，旋即来到西苑休憩。到了巳时，原本风和日丽的天气骤然间"飞沙扬尘，黑气瘴空"，随即地动有声，人如坐波浪中，莫不倾跌。

康熙帝于惊恐中意识到发生了地震，他首先想到的是太后的安危，即令身边的太监、侍卫急速到慈宁宫抢险。其时，纳兰容若正侍从于皇帝左右，在其他人惊魂未定之时，他首先反应过来，冒着余震不断的危险，奋身抢先地护驾并赶往慈宁宫，表现得非常勇敢。

纳兰虽不喜侍卫这个职务，但也忠于职守，未有丝毫懈怠。出入扈从，服劳唯谨，不敢乞休沐自逸，在这次大地震中表现得更为突出，所以受到康熙皇帝的眷注和赞赏，所谓"此富贵家儿，乃能尔耶！"，用徐乾学《纳兰君墓志铭》中的话来引申，就是"类非绮襦纨袴者所能堪也"。

这次地震过后，有左都御史名魏象枢者，借此到康熙帝前面陈大学士索额图、明珠各植党羽，相互倾轧，怙权贪纵，招致天怒，请求康熙帝对此二人严加处分，但康熙帝未予采纳，并把主要责任揽到自己身上。他说："顷者，地震示警，实因一切政事不协天心，故招此灾变。在朕固应受谴，尔诸臣亦无所辞责。然朕不敢诿过臣下，惟有力图修省，以冀消弭。"为此他还发了《罪己诏》。

康熙帝知道，对于明珠的指摘，绝不是空穴来风。当然，英明如他，也很清楚，天灾并非因某些臣子翻云覆雨而起。而且，纳兰在此次地震中救驾有功，因此康熙帝并未追究明珠擅权贪纵之罪。不过，纳兰倒是为父亲的政治前途感到担忧，多次旁敲侧击，劝他收敛行为。

自然面前，每个人都应有敬畏之心。

让纳兰难过的是，地震之中，万千百姓罹难。

却也无计可施，他只是个书生。

秋天，心事浮沉。侍卫生活如旧，西风叶落如旧。他想起了朋友们。那些有诗有酒的日子，清如水，明如镜。许久不见顾贞观，他过得怎样？

> 才听夜雨，便觉秋如许。绕砌蛩螀人不语，有梦转愁无据。
> 乱山千叠横江，忆君游倦何方。知否小窗红烛。照人此夜凄凉。
>
> ——《清平乐·忆梁汾》

残冬，渌水亭人影稀少。

红泥火炉，晚来欲雪，无人把酒共话，终是无味。

落雪了，忆起了从前，他和妻子携手陌上，踏雪寻梅。

然后，东风瘦尽梨花，月明独自西楼。是春天的落寞。

> 谁翻乐府凄凉曲？风也萧萧，雨也萧萧，瘦尽灯花又一宵。
> 不知何事萦怀抱？醒也无聊，醉也无聊，梦也何曾到谢桥。
>
> ——《采桑子》

同样的春天，他又想起了张见阳。

其实，分别不过数月，但他总觉得漫长。

生活无味，日子便会显得拖沓。

> 倚柳题笺，当花侧帽，赏心应比驱驰好。
>
> 错教双鬓受东风，看吹绿影成丝早。
>
> 金殿寒鸦，玉阶春草，就中冷暖和谁道。
>
> 小楼明月镇长闲，人生何事缁尘老。
>
> ——《踏莎行·寄见阳》

纳兰喜欢的，还是无拘无束。

倚着柳树信笔题写诗笺，或者如独孤信那样，歪着帽子漫步人海，也自有几分逍遥不羁，总比受人驱遣来得快活。他说，常在金銮殿值夜，看皇宫的台阶上草枯草荣，这其中的辛酸甘苦又能向谁倾诉。

与其如此，不如独上小楼，对酌清风明月。

人生如朝露，真不该将年华葬送在名利二字上。

月下人间，他仍是不惹尘埃的样子。

续弦的无奈

在这世上，每个人都是棋子。

只不过，人们总以为自己是对弈之人。

往往是这样，落子之时气定神闲，说落定无悔。然而，每一步，每一着，都悄然间落入了更深的棋局，叫世事如谜。人生，如棋亦如戏，我们身处的原本就是，局中局，戏中戏。纳兰是棋子，明珠是棋子，康熙皇帝亦是棋子，谁都没有真正的自由。

康熙十九年（1680），纳兰容若二十六岁。除了扈从皇帝到处巡视，还有一件事让他烦心不已。妻子卢氏已去世三年，这三年里，明珠夫妇多次为给他续弦之事聒噪，都被他搪塞过去了。现在，三年过去，他再无理由拒绝。

纳兰终于答应父母，续娶了官氏。

官氏是清朝八大贵族的第一望族——瓜尔佳氏的后人。其曾祖父费英东，是努尔哈赤最为倚重的五大臣之一，作战勇猛，为清朝开国元勋。

官氏的祖父瓜尔佳·图赖，当初名震中原，清太宗时屡次从军进攻明宁远和长城以内各地。崇祯七年（1634）升巴牙喇（护军）纛章京。顺治元年（1644），率军在一片石击败农民军唐通部，随后在山海关再败农民军于望都部，遂入关。授三等公。

其后，图赖从多铎镇压李自成起义军，攻陷潼关，南下破扬州，助攻南京。追杀明福王朱由崧至芜湖，杀黄得功，俘福王，灭弘光政权。授本旗固山额真，封一等公。顺治三年（1646），从博洛进兵浙闽，败明鲁王，俘明唐王朱聿钊。不久病死在金华。后追谥昭勋公，配享太庙。

官氏的父亲瓜尔佳·朴尔普，也曾被封为一等公。如此出身的官氏，浑身充满贵气和骄纵之气。而这，恰恰是纳兰不喜欢的。何况，这场婚姻，基于权势攀缘，更让纳兰如鲠在喉。以纳兰的性情，不喜欢就是不喜欢，他能给官氏的只有作为丈夫应有的责任，绝对没有爱。

曾经沧海难为水，除却巫山不是云。

最美的风景已在身后，此后所见，皆是尘屑。

事实上，即使是明媚婉约的沈宛，也不曾真正获取纳兰的爱情。

毫无疑问，对官氏来说，这场婚姻也是个悲剧。多愁善感的纳兰，她未必喜欢。但她还是嫁到了明珠府，像一枚棋子。每个人都有自己的悲哀，无论高贵还是平凡，只是无法言说罢了。

总之，官氏其人，明媒正娶地进了明珠府，却冷落地度过了若干年。她不能给纳兰温暖，纳兰也不能给她温暖。我们可以想象，他们可能相敬如宾，却绝对不会相濡以沫。也许，他们本就不该相逢，却无奈相逢于一场寂寞的婚姻。命运的安排，让人啼笑皆非，却又无可奈何。

不论何时，纳兰的心里，只住着卢氏。

几许寒凉，几许黯然。炉火如旧，诗酒微温。

从前，有过三年花明柳暗的日子。

卢氏去世那年，重阳节前三日，纳兰做了个梦，在梦中与卢氏相聚，卢氏淡妆素服，执手哽咽，说了很多话，纳兰醒来时所记不多。只记得，临别时她说：衔恨愿为天上月，年年犹得向郎圆。纳兰写了首《沁园春》：

瞬息浮生，薄命如斯，低徊怎忘。自那番摧折，无衫不泪；几年恩爱，有梦何妨。最苦啼鹃，频催别鹄，赢得更阑哭一场。遗容在，只灵飙一转，未许端详。

重寻碧落茫茫。料短发朝来定有霜。信人间天上，尘缘未断；春花秋月，触绪堪伤。欲结绸缪，翻惊漂泊，两处鸳鸯各自凉。真无奈，把声声檐雨，谱入愁乡。

以为，人间天上，尘缘未断。

真实的情况却是，春花秋叶，触绪还伤。

三年后，尽管已经续弦，但是纳兰对亡妻的思念从未停歇。思念刻骨，便成了词。他知道，她喜欢他为她填词赋诗。五月三十日，卢氏祭日，纳兰写了首《金缕曲·亡妇忌日有感》：

此恨何时已。滴空阶、寒更雨歇，葬花天气。三载悠悠魂梦杳，是梦久应醒矣。料也觉、人间无味。不及夜台尘土隔，冷清清、一片埋愁地。钗钿约，竟抛弃。

　　重泉若有双鱼寄。好知他、年来苦乐，与谁相倚。我自终宵成转侧，忍听湘弦重理？待结个、他生知己。还怕两人都薄命，再缘悭、剩月零风里。清泪尽，纸灰起。

　　此恨绵绵，永无终点。

　　他知道，那是他心底永远的伤痛。即使他用尽全力，也无法再与妻子相守一分一秒。空荡荡的人间，空荡荡的坟茔。夜雨已经停歇，却仍在敲打寂静的台阶。寂静的世界，只有一个生命，在长夜里悲伤着，雨打台阶的声音，一滴一滴，敲打着他瘦弱的心。

　　心想，既然此生缘浅，那么就在她的坟前，郑重地许个来生。来生，再为知己。但他又怕，纵有来生，纵能重逢，依旧情深缘浅。造物弄人，他已了然。当泪水流干，坟茔上纸灰飞起，他在悲伤中生出一丝莫名的喜悦：是她，在回应我吗？

　　大地荒凉。只有他孤寂的身影。

　　怀念着，悲伤着，幻想着，凄凉着。

　　七月初四夜晚，次日是卢氏生辰，纳兰写了首《鹧鸪天》：

　　　　尘满疏帘素带飘，真成暗度可怜宵。

　　　　几回偷湿青衫泪，忽傍犀奁见翠翘。

　　　　唯有恨，转无聊。五更依旧落花朝。

　　　　衰杨叶尽丝难尽，冷雨西风罨画桥。

　　三年了。尘土相隔，世事喧嚷。

繁华富贵，雪月风花，都抵不上她一个浅淡的笑靥。

可是，人间天上，音信杳然。所以，三年了，他的世界总是索然无味。除了与好友们相聚的日子，他几乎总是活在忧伤里。他总是痴痴地想，痴痴地念，换来心伤无垠。明知是伤痛，却忍不住怀念。若非如此，他就不是纳兰了。

除了亡妻，纳兰最思念的就是朋友们。顾贞观离京已久，他甚是想念。他盼着故人归来，重温诗酒旧梦。他们的情谊，顾贞观在为纳兰撰写的《祭文》中写道："无一日不相忆，无一事不相体，无一念不相注"；"其敬我也，不啻如兄。而爱我也，不啻如弟"。

这年秋天，顾贞观终于返京。

西风残照之下，又有了两个人把酒共话的身影。

不久后，顾贞观填了首《金缕曲》，是步韵纳兰那首悼亡之作。

好梦而今已。被东风、猛教吹断，药炉烟气。纵使倾城还再得，宿昔风流尽矣。须转忆、半生愁味。十二楼寒双鬓薄，遍人间、无此伤心地。钗钿约，悔轻弃。

茫茫碧落音谁寄？更何年、香阶刬袜，夜阑同倚。珍重韦郎多病后，百感消除无计。那只为、个人知己。依约竹声新月下，旧江山、一片啼鹃里。鸡塞杳，玉笙起。

当然，此时的顾贞观，心里非常惦记一个人。

秋凉时节，那人正在极北塞外忍受寒苦。他叫吴兆骞。

康熙十五年（1676），纳兰曾对顾贞观许诺，以五年之期，营救吴兆骞南归。如今已过去了四年，顾贞观虽心知纳兰会尽其所能，但心里并不确定，故友是否能如期归来。这件事的确棘手，以明珠的身份地位，也是费尽周折。顾贞观并未就此问询，他了解纳兰。

康熙二十年（1681），纳兰扈从康熙帝多次出行，去了遵化、沿边、南苑、雄县、任丘、霸州等地。寂寞如常。只有回到京城，与好友们偶尔相聚的日子，他才是快乐的。

二月，秦松龄、朱彝尊、严绳孙等人为起居注官；六月，秦松龄为江西乡试正考官；七月，严绳孙为山西乡试正考官，朱彝尊为江南乡试副考官。好友们才华有所安寄，纳兰为之欣慰。

但是，这个七月，是属于悲伤的。顾贞观因母亲离世南返，纳兰为之送行。临别，纳兰以诗词相赠，他写了首《送梁汾》，悲不自胜。

> 西窗凉雨过，一灯乍明灭。
>
> 沉忧从中来，绵绵不可绝。
>
> 如何此际心，更当与君别。
>
> 南北三千里，同心不得说。
>
> 秋风吹蓼花，清泪忽成血。

另外，他还写了首《鹧鸪天》。
就题写在顾贞观的一幅画像上。

> 握手西风泪不干，年来多在别离间。
>
> 遥知独听灯前雨，转忆同看雪后山。
>
> 凭寄语，劝加餐。桂花时节约重还。

分明小像沉香缕，一片伤心欲画难。

——《鹧鸪天》

握手西风泪不干，许多离别都是如此。

李白诗云：挥手自兹去，萧萧班马鸣。是诗仙的洒脱。

于纳兰，离别就是：一抹消黯，两处天涯。

名士倾城，一般易到伤心处

绝塞生还吴季子，算眼前、此外皆闲事。

五年前，纳兰对顾贞观如此承诺。他说：知我者，梁汾耳。

人道是，诺不轻许，许必践之。纳兰兑现了承诺。

康熙二十年（1681）七月，吴兆骞获赦，九月自宁古塔起行，十月抵达京城。纳兰与他素未谋面，但因为朋友所托，不惜为营救他四方奔走。我们不知道营救吴兆骞的具体细节，不知道朝廷大臣们如何斡旋，但可以肯定，纳兰为此付出了许多心力。他的侠骨仁心，世人都看得清楚。

吴兆骞返京，最高兴的莫过于他的故友。顾贞观因丧母南归无锡，徐乾学此时在京。徐乾学被贬之后，于康熙十四年（1675）捐复原官，次年升为左春坊左赞善，充任日讲起居注官。不久，他的父母先后去世，丁忧回老家。康熙十五年（1676），开始编纂一部关于丧礼的重要著作《读礼通考》，计一百二十卷，他博采诸家之说，剖析义理十分透彻。

二十三年后故友归来，徐乾学喜出望外。

他作诗《喜吴汉槎南还》，为吴兆骞接风：

> 惊看生入玉门关，卅载交情涕泗间。
> 不信遐陬生马角，谁知彩笔动龙颜？
> 君恩已许闲身老，亲梦方思尽室还。
> 五两风轻南下好，桃花春涨正溅溅。

吴兆骞南归，于当时整个文坛都是一件大事。徐乾学作了这首诗，引来唱和无数。纳兰容若、陈维崧、徐元文、王士祯等人皆有唱和之作。王士祯在《和徐健庵宫赞喜吴汉槎入关之作》中写道："太息梅村今宿草，不留老眼待君还。"最为人传诵。

纳兰和诗题为《喜吴汉槎归自关外，次座主徐先生韵》：

> 才人今喜入榆关，回首秋笳冰雪间。
> 玄菟漫闻多白雁，黄尘空自老朱颜。
> 星沉渤海无人见，枫落吴江有梦还。
> 不信归来真半百，虎头每语泪溅溅。

这年冬，历时八年的三藩之乱平定。

十二月初，姜宸英入京；岁末，顾贞观入京，为了赴一场不寻常的聚会。

康熙二十一年（1682）正月十五，上元之夜，渌水亭人影晃动，诗情荡漾。吴兆骞、顾贞观、朱彝尊、陈维崧、严绳孙、姜宸英、曹寅、纳兰容若，那个时代文人中的精英，相聚一处，饮宴赋诗。

芝兰满座，客尽凌云，竹叶飞觞，才皆梦雨。

只有在这样的情境里，纳兰才可以暂时忘却远离愁绪。

五十余岁的吴兆骞，无疑是这次聚会的主角。经历了宁古塔二十三年的寒苦摧残，他已是两鬓苍苍，形容憔悴，再也不复当年的轻狂，但风雅仍在。

一群文人走到了迟暮之年，一个时代步入了华年盛世。在新旧朝代的更迭中，他们瘦弱的身影很是起眼。他们在浅斟低唱之间萧然落笔，大清的岁月便因此翩跹了许多。在他们之后，属于词的世界并未荒芜，却也是人影稀疏。纳兰本可以继他们之后，擎着词的大旗前行，却不幸早逝。

在这场饮宴中，有位朋友带了一幅文姬图。

游戏笔墨，纳兰作了首《水龙吟·题文姬图》：

须知名士倾城，一般易到伤心处。柯亭响绝，四弦才断，恶风吹去。万里他乡，非生非死，此身良苦。对黄沙白草，呜呜卷叶，平生恨、从头谱。

应是瑶台伴侣，只多了、毡裘夫妇。严寒瘠簝，几行乡泪，应声如雨。尺幅重披，玉颜千载，依然无主。怪人间厚福，天公尽付，痴儿騃女。

说的是蔡文姬的人生，叹的是吴兆骞的遭遇。

蔡文姬，名蔡琰，字文姬，为汉大文学家蔡邕之女。博学能文，有才名，通音律。初嫁河东卫仲道，夫亡无子，归母家。后来天下大乱，为乱军所掳，流落南匈奴十二年，生二子。后曹操以金璧赎还，改嫁董祀。有《悲愤诗》二首传世。

这阕《水龙吟》是纳兰长调中的佳作。整篇以蔡文姬生平事打底，夹叙夹议。转折起伏间行云流水，笔力不坠，情感真挚，感慨更是惊心。此词借文姬事咏吴兆骞事。"名士倾城"，名士即指吴兆骞。"非生非死"句则用吴梅村送吴兆骞的诗"山非山兮水非水，生非生兮死非死"，"毡裘夫妇"是叹吴妻葛氏随戍宁古塔。

纳兰用极洗练的话道尽了文姬一生坎坷。一路读下来，文姬的身世和容若的感慨相互交融，词脉清晰，情感丰盈。蔡文姬本是名门闺秀，才情不输须眉，沦落到饱受番兵凌辱和鞭笞的飘零女子，一步一步走向渺茫不可知的未来，心境的落差可想而知。她在匈奴十二年，嫁人生子，心里的凄苦少有人知。后人怜她际遇，绘文姬图，仿佛窥见她在匈奴时苦况，其实不过是隔靴搔痒。她所承受的，是身有所寄、心无所栖的凄凉。

文姬自幼精通音律，某夜蔡邕弹琴，弦断。文姬侧耳听后说："第二弦。"蔡邕说："只是侥幸猜中。"不久后，他又故意弹断一弦。蔡文姬说："第四弦。"果然无误。于是，蔡文姬便有"四弦才"之美誉。

很多事在少年时不觉得怎样，人越大，少时之事越翻覆如尘，如花刺细微刺心。那些年，身在塞外，独饮西风残月，耳中所闻尽是觱篥羌笛之声，思乡之情总会油然而生，渐渐加深，成了心底挥不走的伤。

这样的伤，吴兆骞也有过，二十三年，太久。

寻常异乡已让人平生寂寥，何况是极塞苦寒之地。

名士倾城，一般易到伤心处，是高傲语，又是冷落失意之言。孑然抛却了自鸣得意。怪人间厚福，天公尽付，痴儿呆女。更是沉痛。人复杂，世情更如藤蔓纠结不清，不会按照预想的方向行进。这是智者才能生出的无奈和感慨。

这个上元之夜，纳兰还作了四首绝句，是唱和陈维崧诗而作。

题为《赋得〈柳毅传书图〉，次陈其年韵》。

黄陵祠庙白蘋洲，尺幅图成万古愁。
一自牧羊泾水上，至今云物不胜秋。
花愁雨泣总无伦，憔悴红颜画里真。
试看劈天金锁去，雷霆原恼薄情人。
晶帘碧砌玉玲珑，酒滴珍珠日未中。
忽报美人天上落，宝筝筵里尽春风。
凝碧宫寒覆羽觞，洞庭歌罢意茫茫。
玉颜寂寞今依旧，雨鬓风鬟枉断肠。

夜深，灯火阑珊。

当盛筵散场，灯火映照的，便又是一个冷清世界。

聚散交织，才是生活。诗酒流连里面，总有哀愁。一场聚会以最华美的形态出现，也必然要以最悲凉的形态结束。这次元夜的聚会，只如一场绚丽的烟花，以最快的速度，消散在夜空里，再回首便只剩下那些朗朗的吟咏之声和快意的觥筹交错之声。月亮圆缺交替不需多少时日，但人们，一旦离散，便不知重聚何时。

终于，偌大的明府花园，纳兰只看到自己的影子在月下徘徊，举杯无人共饮，填词无人唱和。那时，整个世界仿佛只剩下了他一个人。他身边有官氏，有颜氏，但她们不明白他的惆怅落寞。她们在他生命中，只是两盏烛火，灯光昏暗，照不到他心底的忧伤。

> 明月多情应笑我，笑我如今。孤负春心，独自闲行独自吟。
> 近来怕说当时事，结遍兰襟。月浅灯深，梦里云归何处寻？
> ——《采桑子》

顾贞观在那场聚会后不久便南下了。吴兆骞在明珠府做了纳兰弟弟揆叙的老师。其他朋友零落各处。五月，陈维崧因头痛离世，纳兰悲伤了许久。

后来的那几年，除了好友离散，还有些事也让纳兰极其无奈。他曾经有个朋友叫徐嘉炎，是朱彝尊的同乡，也曾出现在渌水亭的某次聚会中。但后来徐嘉炎和他们这个圈子渐渐疏远了，他在《玉台词记》中写道："开亭渌水，雕椠梁溪，几成终南捷径。"意思是，那些在渌水亭与纳兰诗酒酬唱的文士，不过是为了依附于纳兰明珠这棵大树，觅得一条做官的捷径。明透如纳兰，闻之心凉。

徐乾学与明珠龃龉渐深，纳兰夹在中间，颇为尴尬；当年纳兰的书法老师高士奇受到了康熙帝的宠幸，而高士奇曾经和朱彝尊、秦松龄结怨，纳兰必须从中协调；徐嘉炎因为和朱彝尊的矛盾，倒向高士奇的一边，朱彝尊被贬职；严绳孙见朱彝尊被贬职，便毅然抽身宦海，回乡过田园生活了。

满世界的喧嚣是非，包围着一个澄澈的孩子。

他叫纳兰容若。在他的心里，世界该是安详的，生活该是清明的。

然而，并非如此。尘埃从未落定。

卷七

红尘此去无声

人生若只如初见，何事秋风悲画扇。等闲变却故人心，却道故人心易变。

骊山语罢清宵半，泪雨零铃终不怨。何如薄幸锦衣郎，比翼连枝当日愿。

——《木兰词·拟古决绝词柬友》

一西风几度悲画扇一

他去了，但并未去远。遥遥望去，仍在那里立着，残阳下，西风萧瑟。纳兰容若，从未老去。无论何时，他总是那个白衣翩翩的少年。总有人，于黄昏月下，在他的词里徘徊沉默。

满目荒凉谁可语

生活不止眼前的苟且，还有诗和远方。

厌倦了目下的繁华和喧嚣，人们如此告诉自己。

自然，诗和远方都是人生不可或缺的。有了诗，便有了陶然写意；有了远方，便有了宽广辽阔。只不过，人们往往并不清楚，诗和远方到底在何处。于是，为寻觅而出发，一路迷茫，最后落寞而回。

身处繁华深处，若能于心中修篱种菊，便自然有了几分诗意。至于远方，未必是山水迢递的地方。或许，就是你心境安和时的天空海阔。正所谓，大隐于朝，中隐于市，小隐于野。

重要的，不是身在何处，而是心境如何。

就像苏东坡所言：此心安处是吾乡。

转眼间，纳兰身为侍卫已近五年。扈从皇帝，鞍前马后，并非他所愿。他不喜寄身于喧嚣，更不喜驱驰于帝王身侧。如果可以选择，他愿意临山近水，与诗酒风月为邻。可他无法选择。出身高贵，却因这高贵受尽拘囿。扈从康熙帝巡视，他去了许多地方。大漠孤烟，长河落日，都曾尽收眼底，也曾枕着西风填词。

有一种画面，叫铁马秋风塞北；有一种情怀，叫春风不度玉门关。

这些给他婉约的词风里添了几许别样的美丽，叫豪放。

清朝的皇帝，有一项嗜好，就是射猎。康熙帝前往狩猎，纳兰随侍左右。从小练习骑射的他，也喜欢纵马疾驰追风逐月的感觉。印象中的他虽然清瘦憔悴，但其实他的骨子里流的是马背民族的血。

许多年前，鬓发苍白的苏东坡聊发少年之狂，左牵黄右擎苍，西北望射天狼，自有几分壮心未已的豪情。而纳兰，正值意气风发年岁，射猎之时，豪迈油然而生，于是所填之词也就有了壮怀激烈的畅快：

平原草枯矣，重阳后，黄叶树骚骚。记玉勒青丝，落花时节，曾逢拾翠，忽忆吹箫。今来是、烧痕残碧尽，霜影乱红凋。秋水映空，寒烟如织，皂雕飞处，天惨云高。

人生须行乐，君知否，容易两鬓萧萧。自与东风作别，划地无聊。算功名何似，等闲博得，短衣射虎，沽酒西郊。便向夕阳影里，倚马挥毫。

——《风流子·秋郊射猎》

人生得意须尽欢，莫使金樽空对月。

与其汲汲于功名，不如醉卧花间，一壶酒，一帘月。

当一场豪情满怀的围猎结束之后，纳兰回归寂静。妻子早逝，知交零落，他只能任心事浮浮沉沉，再从这浮沉之中捡拾字句。夜静之时，整个世界一片虚无。然后，某个寻常的日子，再次扈从皇帝出发。周而复始，了无趣味。

塞外，有他的足迹，既轻快，又沉重。

荒城日落，飞雪连天，都曾与他不期而遇。

因为身受拘束，豪迈与旷远，往往被压抑成了萧瑟荒凉。

> 山一程，水一程，身向榆关那畔行，夜深千帐灯。
>
> 风一更，雪一更，聒碎乡心梦不成，故园无此声。
>
> ——《长相思》

> 今古河山无定数，画角声中，牧马频来去。
>
> 满目荒凉谁可语？西风吹老丹枫树。
>
> 幽怨从前何处诉，铁马金戈，青冢黄昏路。
>
> 一往情深深几许？深山夕照深秋雨。
>
> ——《蝶恋花·出塞》

那是一条很长的路。

一路向着心的苍茫，越走越远，越走越荒凉。

纳兰厌倦这样的羁旅生涯，厌倦跟随皇帝有如身在囚笼的生活。他所渴望的是"藕荡桥边理钓筒，芒萝西去五湖东"那样的恬淡悠然。可是他仍旧是一名侍卫，命运赋予他这样的使命，就像命运选择他出生在相府一样。他只能一次次地跟随皇帝出行，如浮萍随水漂流，愁苦在心，无处言说。

山一程，水一程，都敌不过心底愁思漫长。

鞍马劳顿，风雪飘零。渐渐地，堆积成了人生无味。

夜深千帐灯，这是一幅壮美的画。深夜，宿营地上灯火点点，如星光一般照亮了那片大地。万千火光照在人的心上，些许温暖，些许希望，却也照得羁旅漫长，没有尽头。

偶尔，纳兰也会立在茫茫天地之间，感叹世事沧桑。

兴亡更替，盛衰无凭，一夜风云聚散，便是另一个时空。

从来，历史的更替、人世的浮沉都是不可阻挡的。任你烜赫一时，任你叱咤风云，都只是沧海一粟，都终于归入尘土，在千古明月之下，渐渐变冷，渐渐无声。

纳兰容若站在三百多年前的大地上，看苍天，看日月，看沧桑变幻，一片深思游走于千年万年的岁月里，解读着人世的变迁和朝代的更迭，解读着世间所有的起起落落、浮浮沉沉。

大地苍凉，世事凄迷。

最近的是时光，最远的也是时光。

他的眼前，是满目荒凉，西风吹老丹枫树。战马嘶鸣，剑气纵横，若有似无。欲望与挣扎，彷徨与寥落，风流与寂寞，都在时光深处打转，最终落在了他的笔端，成了叹息。

遥想从前，那些长河岁月和那些岁月中流走的人与事，是与非，聚与散，悲与喜，那些陈年旧事，早已成了渔樵笑谈。王侯将相、剑客红颜，都已湮没在红尘里。故事再丰盈，过去了便只剩沉寂，成了茶余饭后的谈资。

仰头，是"金戈铁马，气吞万里如虎"；低头，是"一去紫台连朔漠，独留青冢向黄昏"。终究只是过往。"一往情深深几许？深山夕照深秋雨"。这样意味深长的问答，归结了所有的是非成败、聚散浮沉。情与恨，起与落，忧与喜，得与失，都在岁月里被凝成一种深情。试问情深几许，且看那深山夕照，深秋烟雨。

残阳独照，填词的是一个叫纳兰容若的才子。

不知何时，他已离去，又在自己的词里出现，感叹岁月山河。

> 雁贴寒云次第飞，向南犹自怨归迟。
>
> 谁能瘦马关山道，又到西风扑鬓时。
>
> 人杳杳，思依依，更无芳树有乌啼。
>
> 凭将扫黛窗前月，持向今朝照别离。
>
> ——《鹧鸪天》

关山瘦马，西风扑鬓。所到之处，俱是天涯。

事实上，不仅是天涯寥落，还有曾在异乡承受寒疾的折磨。

那时候，能给他些许慰藉的，只有文字。

> 霜冷离鸿惊失伴，有人同病相怜。
>
> 拟凭尺素寄愁边。愁多书屡易，双泪落灯前。
>
> 莫对月明思往事，也知消减年年。
>
> 无端嘹唳一声传。西风吹只影，刚是早秋天。
>
> ——《临江仙·孤雁》

断肠人，在天涯。这就是彼时的纳兰。

西风古道，黄沙漫天，文字里尽是凄凉味道。

病愈之后，他再次上路。心中的凄楚，似乎比病痛更难熬。西风吹只影，那是一个人的秋天。突然间，想起了若干年前，有个秀美的女子在身边，身姿如画，人淡如菊。她倚着他，不说话，岁月静好。此时，暮色中的远山，笼上云，笼上雾，苍茫而缥缈，像她弯弯的黛眉。他写了首《相见欢》：

微云一抹遥峰，冷溶溶。恰与个人清晓画眉同。

红蜡泪，青绫被，水沉浓。却向黄茅野店听西风。

这首词把一切的冷寂与离恨、悲凉与苦楚，都包含在眼中的风景与微茫的想象里，不写寂寞，不写苦闷，读来却明显看到一个悲苦寥落的身影，在异乡，在荒野，在风中，独自叹息。

从前，日子很慢，清淡如水。许多清晨，她对镜梳妆，偶尔回头，浅笑着看他，而他正在看镜中的她。一个"恰"字表明，看到远处轻云下的山峰，好似她初画的眉弯一般，蓦然间就从现实中飞回到过去，飞回到那些温暖的清晨，飞回到共看菱花镜里两道眉弯，相视一笑的闲适时光里。

恍然间，就仿佛她仍在烛火之下，铺好了青绫被，沉香木的香气缭绕着整个屋子。仿佛，她还在守候着他的归期，守候着他和她共剪西窗烛。

终于，一阵西风撕毁了回忆。他在野店茅庐，形单影只。

而她，已离去数年。回忆如冰。

向西风回首，百事堪哀

每个人，都同时在走两条路。

一条路向外，匹马天涯；一条路向内，回归自我。

但往往，向外去不了真正的远方，向内又与真实的自己渐行渐远。走了很久，突然发现，不过是在命运的版图上兜兜转转。而同时，想要与最初的自己对酌倾谈，已不可能。如此，不论身在何处，皆是异乡。

宋张载言：人心识尽童心灭，世事谙多乐事稀。

世事纷扰，我们总会与曾经的自己，越来越陌生。

纳兰始终澄澈如初，却亦是难回故里。

此时，他还在路上。远在远方的风，比远方更远。康熙二十一年（1682）初，在那场上元之夜的聚会之后不久，知交四散各处，纳兰则跟随康熙帝巡视奉天、吉林等地。他是个侍卫，也是个词人。若没有文字，那些寂寥的日子他将无处寄托心事。

身向云山那畔行。北风吹断马嘶声。深秋远塞若为情！

一抹晚烟荒戍垒，半竿斜日旧关城。古今幽恨几时平！

——《浣溪沙》

这年八月，纳兰奉旨随副都统郎坦、公彭春等人"觇唆龙"。觇，即窥探；唆龙，是当时对黑龙江上游鄂温克、鄂伦春、达斡尔等民族的统称。此次他们的任务，其实是侦察东北雅克萨一带罗刹（沙俄）势力的入侵和部署情况。

从明朝末年开始，黑龙江就屡遭罗刹人入侵。清朝初期，内乱未平，边境无暇顾及，罗刹人便趁机侵占雅克萨等地，并构筑工事，以为据点，不断侵扰黑龙江中下游地区。康熙帝深知"非创以兵威，则罔知惩畏"。在准备对罗刹用兵之前，有了这次觇唆龙之行。将行，康熙帝口谕郎坦等人：

罗刹犯我黑龙江一带，侵扰虞人，戕害居民，昔发兵进讨，未获剪除，历年已久。近闻蔓延益甚，过牛满、恒滚诸处，至赫哲、飞牙喀虞人住所，杀掠不已。

尔等此行，除自京遣往参领、侍卫、护军外，令毕力克图等五台吉率科尔沁兵百人，宁古塔副都统萨布素等率乌喇、宁古塔兵八十人，至打虎儿、索伦。一面遣人赴尼布潮，谕以捕鹿之故；一面详视陆路近远，沿黑龙江行围，径薄雅克萨城下，勘其居址形势。度罗刹断不敢出战，若以食物来馈，其受而量答之。万一出战，姑勿交锋，但率众引还，朕别有区画。

尔等还时，须详视自黑龙江至额苏里舟行水路，及已至额苏里，其路直通宁古塔者，更择随行之参领、侍卫，同萨布素往视之。

　　纳兰随郎坦、彭春等一行，沿驿道由山海关出辽东，经吉林至墨尔根。从墨尔根向北至雅克萨为兴安山脉，山林密布，道路崎岖，侦察队在当地少数民族向导带领下，爬冰卧雪，穿林涉谷，对黑龙江上游雅克萨地区沙俄军事部署进行详细侦察，并抓到了几名沙俄士兵作为"舌头"，掌握了实情。十二月二十七日，郎坦回到北京进行详细奏报。康熙皇帝对这次侦察很满意，他指出："郎坦等奏，攻取罗刹甚易，发兵三千足矣，朕意亦以为然。"

　　这件事情，纳兰的朋友韩菼所作《神道碑铭》中有记载："康熙二十一年秋，奉使觇唆龙羌。道险远，君间行，疾抵其界，劳苦万状，卒得其要领还报。"

　　姜宸英为纳兰所作墓志铭也有记载："二十一年八月，使觇唆龙羌。其地去京师重五六十驿，间行或累日无水草，持干粮食之。取道松花江，人马行冰上竟日，危得渡。仅抵其界，卒得其要领还报，上大喜。君虽跋涉艰险，归时从奚囊倾方寸札出之，叠数十纸细行书，皆填词若诗，略记其风土方物。虽形色枯槁而不自知，反遍示客，资笑乐。"

　　纳兰容若作为皇帝亲信，以侍卫身份参与的这次侦察活动，为清廷的军事部署和战略计划提供了重要信息和决策依据，这也是他文武全才的一次展示。三年后，雅克萨大战爆发，清军大获全胜。清廷与沙俄签订了《尼布楚条约》，阻止了沙俄向南侵略。可惜，那时候纳兰已不在人世。

　　这次觇唆龙之行，虽然栉风沐雨危机重重，纳兰还是写了不少边塞诗词。按赵秀亭、冯统一所著《纳兰性德行年录》记载，这一年纳兰作诗十二首，填词二十九阕，大部分是此行所作，反映了当时的塞外风光、戎马艰辛之情。归来之后与朋友相见，他掏出一堆草稿纸，上有填词若干首，以记载路上所见所闻，与朋友相谈甚欢，拿自己消瘦枯槁之事取笑。

> 万帐穹庐人醉，星影摇摇欲坠。
>
> 归梦隔狼河，又被河声搅碎。还睡，还睡，解道醒来无味。
>
> ——《如梦令》

　　值得一提的是，觇唆龙一行之中，还有个宫廷画师经岩叔。

　　经岩叔，即经纶，浙江余姚人。善画，狂放好饮，醉后落笔弥工。因其性情疏狂，纳兰与他相处甚密。风雪之夜，两人曾在毡帐里秉烛夜话，共读花间词。十月，经纶自唆龙与纳兰道别，先行返京。纳兰有《蝶恋花·十月望日与经岩叔别》相赠。而在此前数日，曾有《唆龙与经岩叔夜话》诗。

> 尽日惊风吹木叶，极目嵯峨，一丈天山雪。
>
> 去去丁零愁不绝，那堪客里还伤别。
>
> 若道客愁容易辍，除是朱颜，不共春销歇。
>
> 一纸寄书和泪折，红闺此夜团圆月。
>
> ——《蝶恋花·十月望日与经岩叔别》

> 绝域当长宵，欲言冰在齿。生不赴边庭，苦寒宁识此？
>
> 草白霜气空，沙黄月色死。哀鸿失其群，冻翮飞不起。

> 谁持《花间集》，一灯毡帐里。
>
> ——《唆龙与经岩叔夜话》

纳兰是以皇帝侍卫的身份加入侦察队伍的，官衔不高，但身份不低，可说是极尽荣耀、极其风光的。况且，这趟重要的公差完成得很圆满，按理纳兰该踌躇满志才是，但是从他笔下流露出来的感情却是另外一回事。这里所表现的是天涯羁旅、游子落拓的凄伤意绪。

这就是纳兰。风光和荣耀，他都不在意。

他在意的，是山水云月，是与至交好友，把盏花间篱下。

是历经世事，仍能寻回最初的自己。

生活，灰暗一如从前。侍卫角色，让纳兰愤懑不堪，却又无法逃避。他是个纯粹的诗人，不喜拘束，不喜逢迎，不喜以卑贱姿态存活于世。命运却恰恰给了他这样的角色。觇唆龙之后，纳兰被升为二等侍卫，三年之后又被升为一等侍卫。但是于他，这些都轻若纤尘。与之相比，他更愿意远离尘嚣，茅庐竹巷，独面清欢。

日升日落，岁月索然。

春天，纳兰再次扈从康熙帝出行。不见欢喜，只见悲哀。

这两个人，在各自的世界，都是王者。两种生命的极致，一个威武煊赫，指点江山；一个忧郁多情，吟风弄月。他们，近在咫尺，却又远隔天涯。前者给大地庄严，后者给大地绚烂，倒也相得益彰。只是，纳兰随君远行，难免寂寞。

> 试望阴山，黯然销魂，无言徘徊。见青峰几簇，去天才尺；黄沙一片，匝地无埃。碎叶城荒，拂云堆远，雕外寒烟惨不开。踟蹰久，忽冰

崖转石，万壑惊雷。

　　穷边自足秋怀。又何必平生多恨哉？只凄凉绝塞，娥眉遗冢；销沉腐草，骏骨空台。北转河流，南横斗柄，略点微霜鬓早衰。君不信，向西风回首，百事堪哀。

——《沁园春》

　　心里寂寞，所到皆为荒城。

　　塞外荒僻之地，更易兴起愁怀。

　　岁月之中，令人生哀之事太多，纳兰不胜枚举，亦无须枚举。故以"只"字界定，仅"凄凉绝塞，娥眉遗冢"和"销沉腐草，骏骨空台"，就足以发人无限感慨。但其人如今已殁，绝塞依然凄凉，空台满目腐草，留给后人的只是由此滋生的无限感慨而已。

　　人生苦短之情，历历可见。他又说，"北转河流，南横斗柄，略点微霜鬓早衰"，直抒"人生几何"的慨叹。孔子说，逝者如斯夫，不舍昼夜。人生只在斯须之间，不能乐其所乐，总会悲从中来。纳兰即是如此。鞍马劳顿的日子，他早已厌倦。

　　于是，向西风回首，百事堪哀。

　　澄澈之心，安放于纷扰喧嚣，却又避无可避。

　　这就是纳兰容若的悲哀。

一场叫作江南的梦

　　总觉得，纳兰应是属于江南的。

　　流水小桥，湖山风月，与他的心性最是相宜。

　　但是直到三十岁，纳兰才有幸去到江南。却也只是经过。

　　康熙二十二年（1683），属于纳兰的日子沉闷如旧。这年，康熙帝多次出行巡视，足迹遍及南苑、五台山、玉泉寺、潭柘寺、古北口、遵化等地。纳兰相随出行，了无兴致。春天，朱彝尊入直南书房，赐居黄瓦门左；夏秋间，吴兆骞省亲后返京，仍为揆叙塾师。这一年，秦松龄和严绳孙迁中允，并为《平定三逆方略》纂修官。

　　日子不紧不慢，无论你拾起或者错过，它总不会停步。

　　对纳兰来说，少了闲情和诗意，生活便是苍白的。

　　康熙二十三年（1684）春夏，康熙帝仍在到处巡视。

　　纳兰扈从左右，心里惦念着山水田园。

空山梵呗静，水月影俱沉。悠然一境人外，都不许尘侵。岁晚忆曾游处，犹记半竿斜照，一抹映疏林。绝顶茅庵里，老衲正孤吟。

云中锡，溪头钓，涧边琴。此生着几两屐，谁识卧游心。准拟乘风归去，错向槐安回首，何日得投簪？布袜青鞋约，但向画图寻。

——《水调歌头·题西山秋爽图》

苏轼《行香子》里写道："浮名浮利，虚苦劳神。"

还写道："几时归去，作个闲人。对一张琴，一壶酒，一溪云。"

这样的闲散，也是纳兰心向往之的。他多想，乘一叶扁舟，到江南，到五湖，到夕阳尽处。这年秋天，他终于了了这桩心愿。尽管是扈从皇帝前往，毕竟在江南留下了足迹。

康熙二十三年九月底，康熙帝开始第一次南巡，纳兰相随南下。此行经过泰山、扬州、苏州、无锡、镇江、江宁等地，并阅淮扬河工。纳兰的很多朋友，都出自江南。因为他们，纳兰对江南神往已久。

自然地，江南云水，亦为他守候多时。

江南，是湖山，是风月，是烟雨，是无数墨客深情交付之地。

现在，纳兰来了。几许哀愁，几许激动。

扬州，湖光依旧轻悠，故事早已陈旧。事实上，在他之前五百年，白石道人姜夔就如此叹息过："杜郎俊赏，算而今、重到须惊。纵豆蔻词工，青楼梦好，难赋深情。二十四桥仍在，波心荡、冷月无声。念桥边红药，年年知为谁生？"

这里，有太多才子佳人的故事，有太多悲喜交织的过往。到最后，故事落幕，风流云散。只剩水畔人家，安详度日。人来人往，说着千年前的故事，走得不徐不疾。

苏州，红颜去远，诗人不见。曾经与平仄相关的地方，多年之后不过是寻常巷陌。辛弃疾说："舞榭歌台，风流总被，雨打风吹去。"苏州城里，芳草斜阳依旧，月光空照荒台。寒山寺夜半的钟声，已成了遥远的绝响。

纳兰知道，百余年前，有个叫唐寅的才子，居住在桃花坞，留下一首《桃花庵歌》："酒醒只在花前坐，酒醉还来花下眠；半醒半醉日复日，花落花开年复年。但愿老死花酒间，不愿鞠躬车马前；车尘马足富者趣，酒盏花枝贫者缘。"纳兰欣赏他这份萧瑟中的快活。

在镇江，康熙帝登临金山，题写了"江天一览"四字。

纳兰为之写了篇《金山赋》，洋洋洒洒。其中写道：

> 是日也，皇情既畅，天颜有喜，爰亲展宸翰，麾毫陟厘，星流电激，龙翔凤翥。笑汉帝章草之弗工，陋唐宗飞白之无势。聿题以"江天一览"，永宠光于山寺。时某以小臣，幸得备虎贲之执戟，隶宿卫于钩陈。虽不敢追踪于风后、力牧，陪游襄城、姑射之盛；庶窃比迹于相如、扬雄，扈从上林、甘泉之伦也。

纳兰以词传世，诗亦兼擅，赋在他的创作中不占重要地位，仅存五篇，收入《通志堂集》，除了这篇《金山赋》，还有《五色蝴蝶赋》《自鸣钟赋》《雨霁赋》《灵岩山赋》。数量虽不多，却颇有研究的价值。从赋史上看，纳兰赋有两点足堪注意。其一是新题材的创新与旧题材的开掘，其二是主题上深沉的人格意蕴。

现在，纳兰随康熙帝来到了江宁（南京）。六朝如梦，去日无声。刘禹锡一首《乌衣巷》写尽了沧海桑田："朱雀桥边野草花，乌衣巷口夕阳斜。旧时王谢堂前燕，飞入寻常百姓家。"不管怎样，秦淮河依旧淡然地流着，倒映着世事变迁。

　　韦庄诗云："游人只合江南老。春水碧于天，画船听雨眠。"

　　此时的纳兰，就在一场叫作江南的梦里。秋水无边。

　　他写了多首《梦江南》，欢喜中不无感慨。

　　　　　江南好，虎阜晚秋天。山水总归诗格秀，

　　　　　笙箫恰称语音圆。谁在木兰船？

　　　　　江南好，真个到梁溪。一幅云林高士画，

　　　　　数行泉石故人题。还似梦游非？

　　　　　江南好，水是二泉清。味永出山那得浊，

　　　　　名高有锡更谁争？何必让中泠。

　　　　　江南好，佳丽数维扬。自是琼花偏得月，

　　　　　那应金粉不兼香。谁与话清凉？

　　　　　江南好，何处异京华？香散翠帘多在水，

　　　　　绿残红叶胜于花。无事避风沙。

江山风月本无主，闲者即是主人。

江南，烟雨画船倒映水中，疏淡清婉，是诗酒清梦。

斜风细雨不须归。流连于此，都是这样的心思。

纳兰所写的《梦江南》，有三首与南京有关：

江南好，建业旧长安。紫盖忽临双鹢渡，

　　翠华争拥六龙看。雄丽却高寒。

江南好，城阙尚嵯峨。故物陵前惟石马，

　　遗踪陌上有铜驼。玉树夜深歌。

江南好，怀古意谁传？燕子矶头红蓼月，

　　乌衣巷口绿杨烟。风景忆当年。

在南京，康熙一行停留多日。曹寅的父亲，即曹雪芹的曾祖父曹玺，于这年六月在江宁织造署病逝。纳兰随康熙帝前往祭奠，抚慰诸孤。与好友曹寅相见，不免叙谈感伤。

曹寅，字子清，号荔轩，又号楝亭。康熙二十三年，奉旨协理江宁织造事务；康熙二十九年（1690）任苏州织造，三年后移任江宁织造，康熙四十二年（1703）起与李煦隔年轮管两淮盐务。康熙后六次南巡，其中四次皆住曹寅家。曹寅病危时康熙特赐奎宁，并派人日夜兼程由北京送到南京，可惜药未到，曹寅已卒。

曹寅为人风雅，通晓音律，喜交名士，与纳兰相交甚笃。康熙三十二年（1693），曹玺任江宁织造后不久，移来燕子矶边的一株黄楝树，栽种在江宁织造署的庭院之中，久而久之，树渐长大，荫翳喜人，曹玺便在树荫之下建了一座休憩的小亭，以树名亭，名之为楝亭。这次在曹家，纳兰有《满江红》一词留赠，小序为"为曹子清题其先人所构楝亭，亭在金陵署中"。

籍甚平阳，美奕叶、流传芳誉。君不见、山龙补衮，昔时兰署。饮罢石头城下水，移来燕子矶边树。倩一茎黄栋作三槐，趋庭处。

延夕月，承晨露。看手泽，深馀慕。更凤毛才思，登高能赋。入梦凭将图绘写，留题合遣纱笼护。正绿阴子青盼乌衣，来非暮。

自纳兰为栋亭填词后，随之作画题诗者不计其数。

康熙三十二年，曹寅来南京任江宁织造时，见栋亭圮坏，出资重修，顿改旧观。尤侗在《栋亭赋》中赞曰："非劳劳（亭）之可比，岂赏心（亭）之能称。"这座栋亭遂成为曹寅以文会友的重要场所："清溪之滨，聚白下之名流。"可叹，彼时的栋亭，再也不会有纳兰容若的身影。

在无锡，纳兰在游赏之余，想起了好友顾贞观和严绳孙。在他南下时，顾贞观北上入京，他是知道的。他写信给顾贞观，信末说道：

夫苏轼忘归，思买田于阳羡；舜钦沦放，得筑室于沧浪。人各有情，不能相强，使得为清时之贺监，放浪江湖，亦何必学汉室之东方，浮沉金马乎？倘异日者脱屣宦途，拂衣委巷；渔庄蟹舍，足我生涯；药白茶铛，销兹岁月；皋桥作客，石屋称农；恒抱影于林泉，遂忘情于轩冕，是吾愿也，然而不敢必也。悠悠此心，惟子知之。故为子言之……

纳兰容若，是天生的词人，喜欢隐逸的生活。

只是，滚滚红尘之中，了解他的，不过寥寥数人。

此番江南之旅，流连于江南山光水色，激发了纳兰赤子的天性和乐山乐水的情怀。遥想苏轼当年，买田于阳羡，被这里的风光迷恋而忘记了归家的路；苏舜钦宦海失意，沦落苏杭，却悠然寄情于山水，筑沧浪亭以悠游。纳兰也想如此，远离俗事牵绊。

一叶扁舟，五湖烟水，远胜于浮名虚利。

他想辞官而去，寄身林泉，与山光水色为邻。

于他，一壶酒，一溪云，一片月，就够了。

烟雨红颜

江南之行，纳兰不乏沉醉明山净水之时。

不过，毕竟身受驱策，无法真正安坐于云水之间，去留无意。

他词中说，赏心应比驱驰好。既有赏心，又有驱驰，想来漫步于湖畔烟雨，怕也会有几分寂寞。更何况，那些日子，他的心里始终有另外一件事。他知道，顾贞观入京，还带着一个女子。她叫沈宛。

康熙二十一年（1682）上元之夜那场聚会后，顾贞观南下，此后未再入京，纳兰时时想起这位知己。茫茫尘世，真正了解纳兰的，也就少数几人，顾贞观是其中之一。纳兰知道顾贞观不喜喧嚷，就在渌水亭畔，专门为他筑了三楹茅屋，取名花间草堂，以候其归来。康熙二十三年（1684）初，茅屋建成后，纳兰立即去信相邀，并有诗《寄梁汾并葺茅屋以招之》：

三年此离别，作客滞何方？

随意一尊酒，殷勤看夕阳。

世谁容皎洁，天特任疏狂。

聚首羡麋鹿，为君构草堂。

诗写得很有意思。顾贞观身在无锡故里，诗中却说他"作客滞何方"，希望他莫把京城视作异乡。然后，又想象他回来后两人把酒倾谈的情景，没有客套，没有虚假。随意置酒，闲谈于夕阳下，惬意而真诚。

他说，顾贞观皎洁疏狂，虽不容于俗世，却来自天成。最后用苏轼《前赤赋赋》中"渔樵于江渚之上，侣鱼虾而友麋鹿"的句意，说明修筑茅屋的目的，在于陶醉于知交之情和清风明月之中。

除了这首诗，纳兰还写了首《满江红·茅屋新成却赋》：

问我何心，却构此、三楹茅屋。可学得、海鸥无事，闲飞闲宿？百感都随流水去，一身还被浮名束。误东风迟日杏花天，红牙曲。

尘土梦，蕉中鹿。翻覆手，看棋局。且耽闲殢酒，消他薄福。雪后谁遮檐角翠，雨馀好种墙阴绿。有些些欲说向寒宵，西窗烛。

世事如棋局，是非真假难辨。

与其囚困其中，不如纵情于自然，与鸥鸟诗酒为伴。

显然，纳兰想抛开所有束缚，如旧时名士，放浪于天地之间。

纳兰收到了回信，顾贞观答应返京。而且，应纳兰之请，沈宛与之同行。在过去那两年，两人的鱼雁往来中，数次提及沈宛。纳兰极想一睹这烟雨红颜风姿。

谢章铤《赌棋山庄词话》中说：

　　容若妇沈宛，字御蝉，浙江乌程人，著有《选梦词》。述庵《词综》不及选。《菩萨蛮》云："雁书蝶梦皆成杳。月户云窗人悄悄。记得画楼东。归骢系月中。　醒来灯未灭。心事和谁说。只有旧罗裳。偷沾泪两行。"丰神不减夫婿，奉倩神伤，亦固其所。

在顾贞观叙述中，这是个风姿绰约、才情双绝的女子。

在江南烟水迷离之地，她傲然独立，是不食人间烟火的样子。

她，有颗剔透之心，有支生花之笔。

> 难驻青皇归去驾，飘零粉白脂红。
>
> 今朝不比锦香丛。画梁双燕子，应也恨匆匆。
>
> 迟日纱窗人自静，檐前铁马丁东。
>
> 无情芳草唤愁浓。闲吟佳句，怪杀雨兼风。
>
> ——沈宛《临江仙·春去》

倘若非要与人比拟，她近似柳如是。

我见青山多妩媚，料青山见我应如是。大抵如此。

沈宛自幼生活在江南，有着水乡女子的灵婉清致，精通琴棋书画，喜好填词谱曲。春风秋月，年华似水。她喜欢江南烟水间那一帘幽梦。生性孤傲，对于世间庸俗男子，她总是冷眼视之，但她却仰慕远方一个未曾谋面的才子。他便是纳兰容若。

　　她手抄了纳兰的词集，爱不释手，总是在风前月下默默吟诵。她知道纳兰不仅是一个难得的才子，而且情深义重，一腔的悲伤让人怜爱。虽然隔着几千里，可是这个女子，却早已对纳兰的一切了然于心。她喜欢他的词，喜欢他的性情，也心疼他的悲伤。只是，身处江南，她只能在想象中看到纳兰俊逸的脸，一次次地怅然。不曾见面，她却早已钟情于他。尘缘，如此玄妙。

沈宛不知道的是，远在京城的纳兰容若，因为她的词，对她渐生怜惜。他知道，她在江南，有云水相照，有烟雨朦胧，但终究是华年独自，落寞难言。他喜欢她素手写下的清词丽句，也喜欢她梅花傲霜的性情。

在妻子离世后，纳兰的世界再无红颜。

沈宛有幸，成了他最后时光里的一抹嫣红。

顾贞观带着沈宛北上的时候，纳兰随康熙帝开始了南巡之旅。皇命难违，他没办法。秋天，走在江南月光水岸，纳兰总会想起那个名字。尽管他们未曾见面，但他了解她词句里所写的飘零尘世的悲伤。就像，她懂他那样。

他总会想象，小楼之上，绿纱窗前，一个倩影静倚着斜阳，手捧一卷词，默然惆怅。事实上，那些年的沈宛，的确如此。年华易老，她时常感伤。她多希望，那个京城的公子于月下策马而来，停在她的窗下。

他若来，她愿意为她煮酒弹琴。自然地，她希望他能为她填词。

未曾相遇，已成相思。他们皆是如此。

> 十里湖光载酒游，青帘低映白蘋洲。西风听彻采菱讴。
>
> 沙岸有时双袖拥，画船何处一竿收。归来无语晚妆楼。
>
> ——《浣溪沙》

十里湖光，载酒而游。

纳兰定然想过，画船之上，应有那个叫沈宛的女子。

就在他遐思迩想的时候，那女子已离开江南，去了北方。

没有多少奢望，只求与那心仪才子相见，聊述荒年心事。

她带着他的词，也带着自己的词。

> 惆怅凄凄秋暮天，萧条离别后，已经年。
>
> 乌丝旧咏细生怜。梦魂飞故国，不能前。
>
> 无穷幽怨类啼鹃，总教多血泪，亦徒然。
>
> 枝分连理绝姻缘。独窥天上月，几回圆。
>
> ——沈宛《朝玉阶·秋月有感》

终于，康熙帝结束南巡，纳兰回到了京城。

已是寒冬。等待他的，却是一场伤心的变故。

这年十月，吴兆骞病故了。历尽磨难，朋友们终于将他从宁古塔救回，仅过了三年，他就撒手人寰了。才进家门，纳兰便面对了好友之死，然后便为其料理后事，出资送其灵柩回吴江。他在《祭吴汉槎文》中写道："自我昔年，邂逅梁溪。子有死友，非此而谁？《金缕》一章，声与泣随。我誓返子，实由此词。"

这年冬，纳兰偶得惠山听松庵故物，是明王孟端、李西涯所为竹炉诗画卷。秋天时，顾贞观以听松庵之竹炉年久损坏，曾仿旧式新制，感叹旧图不可复得。纳兰知道此事，便以画卷相赠，题七律一首，并且写了序：

惠山听松庵竹茶炉，岁久损坏。甲子秋，梁汾仿旧制复为之，置积书岩中。诸名士作诗以纪其事。是冬，余适得一卷，题曰《竹炉新咏》，则明时王舍人孟端、李相国西涯诗画并在，实听松故物也。喜以归梁汾，即名其岩居曰：新咏堂。因次原韵。

> 炉成卷得事天然，乞与幽居置坐边。
>
> 恰映芙蓉亭下月，重披斑竹岭头烟。
>
> 画如董巨真高士，诗在成弘极盛年。
>
> 相约过君同展看，淡交终始似山泉。

交友如纳兰，顾贞观甚是欣慰。

想必，纳兰所有的新知故友，都是一样的想法。

君子之交，其淡如水。但必须是，彼此懂得，相互照拂。

不过，这个冬天，最令纳兰欢喜的，是与沈宛的相逢。许是某个黄昏。落雪无声，红泥火炉旁，恰似故人来。有的人，乍见便如故旧。有的人恰好相反。他们两人，都已在彼此的世界里盘桓了很久。

都是素净之人，性灵世界风物宛然，踏足其中，一目了然。

甚至，只是几阕词，便已明白了彼此的悲喜。

沈宛曾经以为，没有谁能打动她那颗冷傲之心。事实上，她也曾发誓，此生不离开江南。但是，纳兰在不经意间便敲开了她的心扉。为了见他，她不惜北上京师。眼前的纳兰和她想象中一般无二，也和顾贞观描述中相差无几。他是个纯粹的文人，风神俊逸，深情款款。而她给他的印象，亦如从前所想，温婉中有孤绝，明媚中有忧伤。

那个寻常的日子，一场相逢寂静如诗。

淡淡地说着人间世事，炉火温暖，飞雪温柔。

京城繁华，红尘喧闹，都与他们无关。

何如不相识

所有的遇见，都在路上。

所有的风景不过是：你路过我，我路过你。

村上春树说，如若相爱，便携手到老；如若错过，便护他安好。

真实的情况是，世事难料，两个人历经千山万水相遇，却又往往难得相守。一别，便是天涯，两无消息。不管怎样，遇见即是缘分。即使错过，至少曾经情意一场。所有的相遇都有意义，哪怕只是为了一个告别。

纳兰与沈宛，相逢人海，琴诗相和。

不管尘缘深浅，至少他们曾踏足彼此的世界，疏影横斜。

一场相遇，两心相知。西窗月下，共饮流光。结局已不重要。

余生，纳兰决定与沈宛共度。他甚至想给她个体面的迎娶仪式。但世俗的樊篱横亘在那里，坚硬而冰冷。他是叶赫那拉家族的骄傲，是家中的长子，世间许多东西他可以轻而易举地得到，但是同时，许多寻常百姓可以轻易做到的事情他却是难以为之。

沈宛，才貌双绝，不食人间烟火。但是现在，立在她面前的，恰恰是烟火气最浓的世俗规则。她只是个汉族民间女子，囿于门第偏见，明珠夫妇不允许纳兰迎娶她。但这次，纳兰异常决绝。他要争取的，除了此后的幸福，还有不受束缚的自己。

结果是，与父母对峙许久，纳兰终于迎娶了沈宛。但是，他已有了续弦妻子官氏，所以沈宛的身份只能是妾。倒也无妨，沈宛离开江南北上，显然不是为名分而来。从前，她只愿与他相见，对酒清谈。现在，她只愿与那多才深情的男子携手人间，酬唱花下，哪怕一个春天也好。

沈宛不能住进相府。纳兰于是将她安置在德胜门的一座别院里。他是沈宛在京城唯一的依靠，也是生命和心灵的支柱，世俗的偏见让沈宛备感凄寒，他必须为她创造一片温馨的天地，让她不受飘零之苦。

早春二月，德胜门的别院里，日暖风和。

他在填词，她在煮酒。偶尔，几曲琴声，几声浅笑。

这是他们想要的生活。简单而不失诗意，平淡而不失情趣。

于他们，哪怕是柴门茅舍，只要能彼此相依，便已足够。

沈宛清楚，纳兰最深沉的爱已经给了那个早逝的女子。如今，他仍会不时想起她，为她填词和沉默。这就是纳兰该有的样子。沈宛钦慕他，就因为他在惊才绝艳之外，还有常人难以比拟的深情。

月光之下，琴声悠悠。是高山流水之音。

他们之间，少的是缠绵缱绻，多的是知己情意。

尽管如此，他们相处的画面，已让世间所有的繁华显得苍白。

然而，这样的画面虽美，却并非日日可有。纳兰身为侍卫，有许多事情要忙碌，而且家里也有不少事要操持。因此，他在别院的时间并不多。对沈宛来说，没有纳兰在身边，那座别院便似一座空城。很多时候，她的心境就是这样：寂寞空庭春欲晚，梨花满地不开门。纳兰有首《浣溪沙》：

> 欲问江梅瘦几分，只看愁损翠罗裙。麝篝衾冷惜余熏。
>
> 可耐暮寒长倚竹，便教春好不开门。枇杷花底校书人。

他明白她自度残日的孤独。

能给她的，温柔与体贴，诗情与画意，他都给了。

为了她，他愿意倾其所有。但唯独她想要和他长相厮守，他做不到。她知道他的难处。他要去紫禁城供职，回来后要先到相府问候父母，然后照顾妻儿，最后仅剩的空闲才能奢侈地拿出来，去和沈宛相会。他们像是闾左穷巷里的一对贫贱夫妻。沈宛不怕贫贱，她怕的是思念的煎熬。当然，她也怕因为自己的存在，纳兰与家人渐生不睦。若幸福的代价，是所爱之人与亲人疏远，那么她宁愿不要这幸福。

当落寞与担忧堆积成塔，沈宛下定了决心。一个无眠之夜，她向纳兰提出，要暂时离京，回江南小住。纳兰答应了。那些日子，他看到她形容渐瘦，笑颜渐少，眉峰常结。

分别，他们都不舍得。花前月下，对酌相拥，这是无与伦比的美好。但若因为相守，而让两个人各自憔悴，心结难开，他们宁愿放手。

终于，沈宛离开了京城，返回了江南。

还是春天。白天梨花零落，夜晚子规清啼。

纳兰的世界再次荒芜。当沈宛赶来京城的时候，他却匆忙南下；当他在沈宛的家乡沉醉吟诗的时候，沈宛正在他的家乡定定相思；当他回返家乡的时候，沈宛却又不得不再下江南。一场消黯，永日无言。

沈宛走了。回到了她的江南，那是他的梦。

而现在，他在梦外遥望。杏花春雨江南，太遥远。

> 昏鸦尽，小立恨因谁？急雪乍翻香阁絮，
>
> 轻风吹到胆瓶梅。心字已成灰。
>
> ——《忆江南》

> 烟暖雨初收，落尽繁花小院幽。
>
> 摘得一双红豆子，低头，说着分携泪暗流。
>
> 人去似春休，卮酒曾将醉石尤。
>
> 别自有人桃叶渡，扁舟，一种烟波各自愁。
>
> ——《南乡子》

不知从何时起，别院已是荒草丛生。

女主人走了，这里只剩回忆。睹物思人，心伤难言。

不久后，一切都成了故事。才子佳人，是一场沉寂的绝恋。

沈宛走后，纳兰对仕途更是兴致索然。康熙二十四年（1685）三月十八日，这天是康熙帝的生日。康熙帝御笔亲书一首贾至的《早朝大明宫》送给纳兰。

> 银烛朝天紫陌长，禁城春色晓苍苍。
>
> 千条弱柳垂青琐，百啭流莺绕建章。
>
> 剑佩声随玉墀步，衣冠身惹御炉香。
>
> 共沐恩波凤池里，朝朝染翰侍君王。

不久后，又令他赋《乾清门应制》诗。康熙帝此举表示，在不久的
将来要重用纳兰。

但是，纳兰却并不欢喜。名利牵绊，他厌倦至极。

他只愿寻一处清幽之地，安放情致。如果可以，他希望是江南。
可惜，烟花三月的江南，只能出现在他梦里。倒是他的好友严绳孙，于
四月请假南归，实则是弃官而去。官场纷争，与他再无瓜葛。离别时，
纳兰怆然伤怀，不仅为离别，也为自己难得自在。他写了首《送荪友》
相赠：

> 人生何如不相识，君老江南我燕北。
>
> 何如相逢不相合，更无别恨横胸臆。
>
> 留君不住我心苦，横门骊歌泪如雨。
>
> 君行四月草萋萋，柳花桃花半委泥。
>
> 江流浩渺江月堕，此时君亦应思我。
>
> 我今落拓何所止，一事无成已如此。
>
> 平生纵有英雄血，无由一溅荆江水。
>
> 荆江日落阵云低，横戈跃马今何时。
>
> 忽忆去年风雨夜，与君展卷论王霸。
>
> 君今偃仰九龙间，吾欲从兹事耕稼。
>
> 芙蓉湖上芙蓉花，秋风未落如朝霞。
>
> 君如载酒须尽醉，醉来不复思天涯。

人生何如不相识，非至情至性之人不会如此感叹。

因深情而致的黯然神伤，最是难以拾掇。偏偏，聚散如风，许多相逢相知的情节，转眼间就成了往事。于是，总有深情之人，独自把盏，黯然销魂。

除了这首诗，纳兰还有几首诗词相赠。

比如下面这首《水龙吟·再送荪友南还》：

人生南北真如梦，但卧金山高处。白波东逝，鸟啼花落，任他日暮。别酒盈觞，一声将息，送君归去。便烟波万顷，半帆残月，几回首，相思否。

可忆柴门深闭。玉绳低、剪灯夜语。浮生如此，别多会少，不如莫遇。愁对西轩，荔墙叶暗，黄昏风雨。更那堪几处，金戈铁马，把凄凉助。

浮生如此，别多会少，不如莫遇。是叹息的模样。

于仓央嘉措，是这样：但曾相见便相知，相见何如不见时。安得与君相诀绝，免教生死作相思。纳兰最被人熟知的那首《木兰词·拟古决绝词柬友》，其实也是此意。

人生若只如初见，何事秋风悲画扇。
等闲变却故人心，却道故人心易变。
骊山语罢清宵半，泪雨零铃终不怨。
何如薄幸锦衣郎，比翼连枝当日愿。

说是决绝，其实是感叹别多会少。与其如此，不如不见。

从前，诗酒翰墨，恣意疏狂。花间云下，说不尽的兴致盎然。

后来，人各天涯，风流云散。只剩影只形单。

人生若只如初见，不过是一声暗叹。

严绳孙南下不久，纳兰就开始思念好友了。但是南北相隔，他只能写诗填词遥寄。忆起从前与严绳孙、陈维崧、秦松龄、姜宸英等人净业寺观荷唱和的情景，他写了首《金人捧露盘·净业寺观莲，有怀荪友》：

藕风轻，莲露冷，断虹收。正红窗初上帘钩。田田翠盖，趁斜阳鱼浪香浮。此时画阁垂杨岸，睡起梳头。

旧游踪，招提路，重到处，满离忧。想芙蓉湖上悠悠。红衣狼藉，卧看少妾荡兰舟。午风吹断江南梦，梦里菱讴。

聚散苦匆匆，此恨无穷。

今年花胜去年红。可惜明年花更好，知与谁同。

欧阳修的叹息，也便是纳兰的叹息。同游的日子，一旦成了往事，再想起便只有默然感叹的份。尽管如此，纳兰还不忘以戏谑之语，调侃好友：

藕荡桥边理钓筒，苎萝西去五湖东。笔床茶灶太从容。

况有短墙银杏雨，更兼高阁玉兰风。画眉闲了画芙蓉。

画眉闲了画芙蓉。写这句，纳兰该是窃笑着的。

而他自己，想要给那红颜画上春山眉黛，已是不能。

纸帐梅花，休惊他三春清梦；笔床茶灶，可了我半日浮生。语出《小窗幽记》，是少有的闲情。一支笔，一壶酒，一棹斜阳，这是纳兰神往的画面。但他，只能在文字里安坐其中。江南梦，有人替他守着。他有他的归途。

纳兰心事几人知

人生一世，草木一秋。

不过是浪迹多年，从这娑婆世界刹那抽离。

只是，有的人一去无声，有的人去了仍有回响。

走过人生风雨，我们终要蓦然回首，将这尘世看透。然后，无比欣慰，曾经爱过这世界。我以为，最好的人生，就是带着真性情走过人间，离开的时候，蓦然回首，能够无怨无悔。

> 小构园林寂不哗，疏篱曲径仿山家。
>
> 昼长吟罢《风流子》，忽听楸枰响碧纱。
>
> 添竹石，伴烟霞。拟凭尊酒慰年华。
>
> 休嗟髀里今生肉，努力春来自种花。
>
> ——《鹧鸪天》

三十一岁的纳兰，渴望着田园山水。

疏篱曲径，吟诗对弈，与竹石烟霞相伴，这是他喜欢的生活。

可他难以抽身而去，仍在俗世的樊笼里。尽管如此，他还是尽自己所能，体会着有文字有平仄的风雅。康熙二十四年（1685）春天，他写信给远在广东南海的梁佩兰，希望与之合编词选。

梁佩兰是广东宿儒。字芝五，号药亭、柴翁、二楞居士，晚号郁洲，广东南海人。他聪敏过人，记忆力强，能日记数千言，素有才名。顺治十四年（1657）乡试第一，此后三十年间断断续续六次赴京会试，均落第，潜心治学，一时风雅称盛。梁佩兰每有所作，均被人们争相抄传。王士祯、朱彝尊等人都对他推崇有加。

年近六十方中进士，授翰林院庶吉士。不到一年，遽乞假归，结社南湖，诗酒自酬。其诗歌意境开阔，功力雄健俊逸，为各大诗派一致推崇，被时人尊为"岭南三大家"与"岭南七子"之一。著有《六莹堂集》前、后二集等。

纳兰一直为世间没有一部可称作精品的词选而遗憾。在他看来，《花间集》和《中兴绝妙词》还算不错。而《草堂》《词统》的各种选本刻印之后，虽然也算脍炙人口，但显得良莠不齐，以致后来的人受其影响，将许多庸俗的作品当作好词。

不久前，朱彝尊编成一部《词综》，算得上善本，网罗和鉴赏都有过人之处。不过纳兰认为，编选词集应重视作品质量，而不必求广博。在他看来，只要作品优秀，一个词人选十篇百篇都可以；反过来，对平庸词人的作品，完全可以不选。

纳兰希望有一部称心如意的词选，所以写信给梁佩兰，询问其是否有兴致和时间。这封信就是《与梁药亭书》。信写得甚是诚恳，结尾写道："不知足下乐与我同事否？有暇及此否？处雀喧鸠闹之场，而肯为此冷淡生活，亦韵事也。望之，望之。"

　　梁佩兰素闻纳兰才名，又兼盛意难却，不久后真的入京了。五月二十二日，纳兰在渌水亭设宴，除了梁佩兰，来客都是纳兰故人，如顾贞观、姜宸英。可惜，吴兆骞已故，严绳孙南归。忆起从前，纳兰不免怅然。

　　渌水亭物事如旧，只是水畔多了两株夜合花。

　　大家以"夜合花"为题应景作诗，仍是从前诗酒况味。

　　　　阶前双夜合，枝叶敷华荣。疏密共晴雨，卷舒因晦明。

　　　　影随筠箔乱，香杂水沉生。对此能消忿，旋移迎小楹。

　　谁都没想到，这首诗竟成了纳兰绝笔。

　　若干年后，顾贞观一定还记得当天纳兰谈笑风生的模样。

　　但是，那时候他只能在江南怀念纳兰了。

　　一场狂欢后，花落无声。第二天，纳兰就病倒了，又是寒疾。连续七天，竟然不汗而逝。生命无论长短，总会在某个路口突然停下脚步，转身已经是漫漫黄沙没了人间。想要编选词集的夙愿，终于还是落空了。康熙二十四年（1785）五月三十日，纳兰病故，年仅三十一岁。

　　十七岁那年，他欣赏李贺，在《书昌谷集后》中说："尝读吕汲公杜诗年谱，少陵诗首见于《冬日雒城谒老子庙》，时为开元辛巳，杜年已三十，盖晚成者也。李长吉未及三十，已应玉楼之召，若比少陵，则毕生无一诗矣。然破锦囊中，石破天惊，卒与少陵同寿千百年。大名之垂，彭殇一也。优昙之华，刹那一现；灵椿之树，八千岁为春秋，岂计修短哉。"不幸成了自己的写照。李贺早逝，他亦如此。

王羲之《兰亭序》里说，修短随化，终期于尽。

人生的意义，在于是否生如夏花。刹那，亦是永恒。

渌水亭诗酒往事，再无续集。一个时代落幕了。

江南，小楼明月之下，沈宛倚窗沉默。一卷词，读了千百遍，成了最后的栖息之地。用不了多久，她就会得到纳兰离世的消息。京城旧梦，往事依稀。她记得，有个叫纳兰容若的男子，给过她倾世的温暖。

世界凉薄，独他深情。

她填词，就像替他行走于平仄世界。

雁书蝶梦皆成杳，月户云窗人悄悄。记得画楼东，归骢系月中。

醒来灯未灭。心事和谁说？只有旧罗裳，偷沾泪两行。

——《菩萨蛮·忆旧》

慧极必伤，情深不寿。

太多的悲伤，给他的生命留下太多的伤痕。似乎每一次风起都能让他的伤口开裂，渗出鲜血。独行多年，饮尽西风，终于远离了尘嚣。就像一本书蓦然间合上，再次翻开已是岁月陈迹。

纳兰离世后，顾贞观、姜宸英、徐乾学、严绳孙、韩菼等人都有吊祭文章。可惜，斯人已逝，往事成丘，纳兰了无回音。诗里说，常因流水思今日，每托清风怀故人。从前，那个天真的孩子，总是在渌水亭翘首以待。他生来寂静，但喜欢与朋友们把酒言欢。

纳兰去得突然。姜宸英悲痛欲绝，一连几天，茶饭不思，涕泗滂沱。顾贞观亦是悲痛不已，次年回归故里，从此避世隐逸，心无旁骛，日夜拥读，一改风流倜傥、热衷交游的生活。

康熙三十四年（1695）秋，曹寅任江宁织造，庐江知府张见阳来访，曹寅又邀请当时的江宁知府施世纶，三人秉烛夜话于楝亭。此时，距离纳兰去世整整过去了十年。谈及那个才情无双的才子，都感伤不已。张见阳即兴作《楝亭夜话图》，然后三人分咏。曹寅当时的诗为《题楝亭夜话图》：

> 紫雪冥蒙楝花老，蛙鸣厅事多青草；
> 庐江太守访故人，建康并驾能倾倒。
> 两家门第皆列戟，中年领郡稍迟早；
> 文采风流政有余，相逢甚欲抒怀抱。
> 于时亦有不速客，合坐清严斗炎燎。
> 岂无炙鲤与寒鹌，不乏蒸梨兼渝枣；
> 二簋用享古则然，宾酬主醉今诚少。
> 忆昔宿卫明光宫，楞伽山人貌姣好；
> 马曹狗监共嘲难，而今触痛伤枯槁。
> 交情独剩张公子，晚识施君通缊缟；
> 多闻直谅复奚疑，此乐不殊鱼在藻。
> 始觉诗书是坦途，未防车毂当行潦。
> 家家争唱《饮水词》，纳兰心事几曾知？
> 斑丝廓落谁同在？岑寂名场尔许时。

康熙三十年（1691），张见阳于扬州刊刻《饮水诗词集》，他在序言中叹道："谓造物者而有意于容若也，不应夺之如此其速；谓造物者而无意于容若也，不应畀之如此其厚。"纳兰于风华正茂之年突然离世，实为词坛憾事。

又过了多年，乾隆晚年，和珅呈上一部《红楼梦》，乾隆皇帝看过许久，掩卷而叹："书里所写，不就是明珠的家事吗？"于是，人们总将纳兰与贾宝玉相比。如真如幻，皆已沉寂。红楼梦醒，世事苍茫。

每个人心中，都有一个纳兰容若，却都不完整。

终究，家家争唱《饮水词》，纳兰心事几曾知。

两百多年后，一位诗人手捧一卷《饮水词》，是个清秋。寂寞的院落，如钩的月亮，西风吹着梧桐，黄叶漫天。他是徐志摩，对着窗外萧瑟的秋天，明白了纳兰"如鱼饮水，冷暖自知"的心事。

于是，他来到了桌前，拿起笔，在纸上写道："成容若君度过了一季比诗歌更诗意的生命，所有人都被甩在了他橹声的后面，以标准的凡夫俗子的姿态张望并艳羡着他。但谁知道，天才的悲情却反而羡慕每一个凡夫俗子的幸福，尽管他信手的一阕词就波澜过你我的一个世界，可以催漫天的烟火盛开，可以催漫山的荼蘼谢尽。"

张充和曾这样评价沈从文：星斗其文，赤子其人。

观纳兰生平及性情，也是如此。清澈如水，才情卓绝，是他。

他去了，但并未去远。遥遥望去，仍在那里立着，残阳下，西风萧瑟。纳兰容若，从未老去。无论何时，他总是那个白衣翩翩的少年。总有人，于黄昏月下，在他的词里徘徊沉默。

人生若只如初见，当时只道是寻常。

叹息声里，许多人回到了故事里。红尘寂静。

原本，人生不过是一场樱花雨。有人记得最好，忘了也无妨。

至少，他曾经深情走过，这薄情的世界。

一湖一棹一蓑衣，

一月一樽一卷词。

一叶一花一世界，

一来一去一生痴。

随园散人

2018年12月，于神木

纳兰容若年谱

西风几度悲画扇

（引自赵秀亭、冯统一《纳兰性德行年录》）

顺治十一年甲午（1654）
农历腊月十二日，公历1655年1月19日，纳兰成德生于北京。
满洲正黄旗人。父明珠是年二十岁，任銮仪卫云麾使。母觉罗氏，英亲王阿济格正妃第五女，顺治八年归明珠。
是年三月，清圣祖玄烨生，以旧历计，与成德同龄。

顺治十二年乙未（1655）　1岁
秦松龄成进士，授检讨。

顺治十三年丙申（1656）　2岁
春，吴伟业任国子监祭酒；岁暮，以奉嗣母丧南归。
陈维崧父陈贞慧卒。

顺治十四年丁酉（1657）　3岁
卢兴祖迁大理寺少卿。
冬，顺天、江南等五闱科场案发。

顺治十五年戊戌（1658） **4岁**

吴兆骞以科场案被捕，押刑部狱。

秦松龄罢归。曹寅出生。

顺治十六年己亥（1659） **5岁**

闰三月，吴兆骞出京赴宁古塔。吴伟业作《悲歌赠吴季子》。

徐元文中进士。

顺治十七年庚子（1660） **6岁**

徐乾学中顺天乡试举人。

宋琬官绍兴，与朱彝尊、屈大均、叶燮等结交。

顾贞观在江阴会查继佐。

顺治十八年辛丑（1661） **7岁**

正月，清世祖卒。皇太子玄烨即位，是为清圣祖。以内大臣鳌拜等四人为辅政大臣。

二月，罢十三衙门，复设内务府。明珠改任内务府郎中。

五月，卢兴祖擢广东巡抚。

夏，奏销案起，苏南、浙东士绅以欠赋黜革者达万余人。秦松龄削籍，叶方蔼以欠一钱被黜，韩菼、翁叔元险些被迫自杀。

七月，哭庙案结，金圣叹等诸生十八人被杀。

是年秋，顾贞观入京，以诗得龚鼎孳赏识。

冬，明永历帝为吴三桂擒获，南明政权终至灭亡。

康熙元年壬寅（*1662*）　*8岁*

冬，吴兆骞于宁古塔得顾贞观致书。

康熙二年癸卯（*1663*）　*9岁*

徐乾学游闽粤。曹玺（曹寅父亲）任江宁织造。

康熙三年甲辰（*1664*）　*10岁*

三月，明珠升内务府总管。

春，顾贞观奉特旨考选中书，授内秘书院中书舍人。

朱彝尊游晋。

康熙四年乙巳（*1665*）　*11岁*

三月，卢兴祖迁广东总督，兼广西总督。

龚鼎孳在刑部任。九月，吴绮出守湖州，龚以诗送之。

吴兆骞与张晋彦等结七子诗社。

王又旦、吴嘉纪、姜宸英、汪懋麟会于扬州。

康熙五年丙午（*1666*）　*12岁*

四月，明珠由侍读学士升内弘文院学士。

顾贞观举顺天乡试第二，寻擢内国史院典籍。

康熙六年丁未（*1667*）　*13岁*

自是年起，成德得董讷教授，学业大进。

七月，圣祖亲政。

九月，纂修《世祖章皇帝实录》，以明珠等为副总裁。

九月，顾贞观扈从东巡。

十一月，卢兴祖卒。

是年，陈维崧客燕。朱彝尊编成《静志居琴趣》。

康熙七年戊申（1668） 14岁

九月，明珠升刑部尚书。冬，明珠及工部尚书马尔赛往阅淮扬河工。

三月，吴绮、吴伟业、徐乾学等十人集湖州。

七月，京师大水，漂没人畜甚众；卢沟桥坍塌，行人断绝数十日。陈维崧在京，为作《大水行》。

九月，吴兴祚、姜宸英、严绳孙、顾湄、秦松龄等集秦氏寄畅园。

康熙八年己酉（1669） 15岁

五月，辅政大臣鳌拜褫职，禁锢终身。

六月，明珠及兵部侍郎蔡毓荣等奉诏往福建招抚郑经。

七月，明珠解刑部任。九月，改任都察院左都御史。

冬，徐乾学赴会试入京。

是年，陈维崧离京。吴绮以风雅好事罢湖州知府之任。

康熙九年庚戌（1670） 16岁

三月，徐乾学、蔡启樽（蔡启僔）中进士，徐授内弘文院编修，蔡为内秘书院修撰。

是年，张纯修承荫入监读书。

朱彝尊、陆元辅等在京，于孙承泽处观《九歌图》。

康熙十年辛亥（1671） 17岁

成德入国子监。时徐元文为祭酒，深器重之。

二月，左都御史明珠、国子监祭酒徐元文充经筵讲官。

十一月，调左都御史明珠为兵部尚书。

是年春，顾贞观服阕赴补，为忌者排斥，因告病南归。

有《风流子》词记其事，词序称"自此不复梦入春明矣"。

是年，曹尔堪、龚鼎孳、周在浚、徐倬等集京师孙承泽别墅秋水轩，赋"剪"字韵《金缕曲》，是为秋水轩唱和词。南北词家随而和者不可胜数，为词坛一时盛事。

是年，陈维崧还江南。朱彝尊南还。吴伟业卒。

是年，三藩自为政令，形成割据势力，与清廷矛盾日益尖锐。

康熙十一年壬子（1672） 18岁

八月，成德应顺天乡试，中举人。正、副考官为蔡启樽、徐乾学。其同榜有韩菼、翁叔元、徐倬、曹寅等。

是年五月，姜宸英以父丧南归。

秋，严绳孙入京。

朱彝尊入京，客居潞河漕总龚佳育幕，同年编成《江湖载酒集》。

康熙十二年癸丑（1673） 19岁

正月，康熙帝阅八旗兵于南苑晾鹰台，明珠先期布条教，军容整肃。

二月，成德会试中式。会试主考官为杜立德、龚鼎孳、姚文然、熊赐履。

三月，成德忽得寒疾，未与廷试。韩菼、王鸿绪等于此年中进士。

五月起，成德每逢三、六、九日，至徐乾学邸讲论书史，日暮始归。

五月，得徐乾学、明珠支持，始着手校刻《通志堂经解》。

七月，吴三桂、耿精忠疏请撤藩。

是年，明珠兼佐领。

九月，蔡启樽、徐乾学坐事降级，归江南。成德以诗词送之。

十一月二十一日，平西王吴三桂反。

是年，成德始撰辑《渌水亭杂识》。结识严绳孙、姜宸英，投书朱彝尊。

康熙十三年甲寅（1674） **20岁**

春，吴三桂等势炽，湖湘、四川等地沦于战火。

五月，皇子保成生，即胤礽。

是年，成德娶夫人卢氏。卢氏为两广总督卢兴祖女。又纳庶妻颜氏，颜氏家世不详。

仲弟揆叙生。

正月，朱彝尊访成德。

徐乾学、姜宸英、汪懋麟同游扬州。

康熙十四年乙卯（1675） **21岁**

十月，明珠转吏部尚书。

十二月十三，皇子保成立为皇太子。成德避太子嫌名，改名性德。

是年，成德长子富格生，为颜氏夫人出。

成德与张纯修交益密，每有郊猎。

成德与严绳孙过从甚密，绳孙移居成德邸中，迭有唱和。

是年，秦松龄从军湘楚，以严绳孙介绍，成德与之结识。

徐乾学还京，官复原职。

康熙十五年丙辰（1676） 22岁

三月，成德中二甲第七名进士，翁叔元、叶舒崇、高璔等同年及第。

年初，皇太子保成更名胤礽。成德复名，不再称性德。

春夏间，顾贞观入京，经徐、严等相介，识成德，遂互以知己目之。成德为题其"侧帽投壶图"《金缕曲》词，一时传写京师。

是年，成德以诗词才藻大获称誉。

秋，吴县道士施道源入京设醮，旋还山。成德作《送施尊师归穹窿》《再送施尊师归穹窿》赠之。

是年，徐乾学迁右赞善。十一月，徐母顾氏卒，徐乾学兄弟奔丧南归。

冬，顾贞观作《金缕曲（寄吴汉槎）》二章，成德见之，遂以"绝塞生还吴季子"为己任。

《侧帽词》或刻于此年。成德始与顾贞观合编《今词初集》。

康熙十六年丁巳（1677） 23岁

四月末，卢氏生一子海亮（富尔敦）。产后患病，于五月三十日卒。

七月二十九，以吏部尚书明珠、户部尚书勒德洪为内阁大学士。

八月，明珠充《太宗文皇帝实录》总裁官。

成德撰《合订大易集义粹言》成。

秋冬间，成德始任乾清门三等侍卫。

《渌水亭杂识》编定。

是年春初，顾贞观携《今词初集》稿南返，至开封，逢毛际可。毛为《今词初集》作序。

三月，吴兆骞于宁古塔收到顾贞观寄《金缕曲》词二首。

四月，顾贞观在江南，复作书寄吴汉槎，并以其《弹指词》附书以寄。

秋，顾贞观复至京，与成德增选《今词初集》。

陈维崧、朱彝尊等聚会于南京瞻园。

康熙十七年戊午（1678）　24岁

是年康熙帝出行情况：

闰三月初三至十七，畿南霸州、赵北口一带。

五月十五至十九，碧云寺、石景山、南苑。

九月初十至二十六，遵化。

十月初三至十一月二十四，遵化、沿边。在滦河阅三屯营兵。

岁初正月十七，顾贞观回南。刻《饮水词》成。

三月，顾贞观在吴趋客舍会吴绮，绮为《饮水词》作序。

是年初，下诏开博学鸿儒科。夏秋间，应征文士多至京。十一月起，供应征文士食宿。汪琬、陈维崧、朱彝尊、秦松龄、陆元辅、徐嘉炎、毛际可、严绳孙、周清原、吴雯、毛奇龄、叶舒崇等至京。

七月，吴三桂称帝。八月，三桂死。清军全线转入反攻。

七月，葬卢氏于皂甲屯，叶舒崇为作墓志铭。

岁暮，姜宸英入京，成德使居千佛寺。

康熙十八年己未（1679）   25岁

是年康熙帝出行情况：

二月十二至十五，南苑。

三月初二至十四，保定、十里铺。

五月初九，西山潭柘寺。

十二月初六至十七，南苑。

三月初一，试内外诸臣荐举博学鸿儒一百四十三人于体仁阁。

三月二十九，谕吏部，取中彭孙遹、秦松龄、陈维崧、朱彝尊、汤斌等二十人为一等，施闰章、潘耒、徐轨、尤侗、毛奇龄、曹禾、严绳孙等三十人为二等。严绳孙本不期中，仅赋《省耕诗》一首即退场。圣祖知绳孙名，以为"史局中不可无此人"，取为二等榜末。姜宸英落榜。

五月，秦、朱、陈、严等俱授检讨，着纂修《明史》。

暮春，成德与朱、陈、严、姜、秦等人雅集，作联句词《浣溪沙》。

秋，张见阳南行，赴湖南江华任县令。

七月二十八，京师地震，毁伤甚重。魏象枢借地震劾明珠。

是年，顾贞观在南，刊成《今词初集》，收成德词十七首。

是年冬，顾贞观在福州，作客吴兴祚幕。

康熙十九年庚申（*1680*） *26岁*

此年内，康熙帝行踪仅及西山、巩华、南苑，未远行。

约在是年，成德常至昌平、延庆、怀柔、古北口等地督牧。

继娶官氏，即瓜尔佳氏，图赖之孙，朴尔普之女。

秋，顾贞观返京。

冬，徐乾学兄弟服阕还京，乾学复原职，徐元文升都察院左都御史。

康熙二十年辛酉（*1681*） *27岁*

是年康熙帝出行情况：

二月十八至三月十二，遵化。

三月二十至五月初三，遵化、沿边。

八月二十五至九月十七，近南，南苑、雄县、任丘、霸州。

十一月十四至十二月初三，遵化。

二月，秦松龄、徐乾学、朱彝尊、严绳孙等八人为起居注官。

六月，秦松龄为江西乡试正考官。

七月，严绳孙为山西乡试正考官，朱彝尊为江南乡试副考官。

七月，顾贞观丁内艰南还。

七月，吴兆骞得赐还诏书。九月二十日，自宁古塔起行。十月，抵京师。

是冬，吴兆骞合家居徐乾学馆中。

十月二十八日，清军入云南省城，吴世璠自杀，云南平定。

岁暮，顾贞观入京。

康熙二十一年壬戌（1682） 28岁

是年康熙帝出行情况：

二月十五至五月初四，奉天、吉林。

八月初三至十一，玉泉。

十月十九至十一月初九，遵化。成德有觇唆龙之行，未随扈。

正月十五上元夜，成德与朱彝尊、陈维崧、严绳孙、顾贞观、姜宸英、吴兆骞、曹寅等共集花间草堂，饮宴赋诗。

元宵节后旬日间，顾贞观离京南还。

年初，吴兆骞入成德宅，为教授其弟揆叙。

五月，陈维崧以头痛卒。

七月，明珠等为纂修《明史》监修总裁官。

秋，吴兆骞南归省亲。顾贞观作客苕上。

八月十五日，成德奉旨随副都统郎坦、彭春等人"觇唆龙"。

十月十五日，经岩叔自唆龙与成德别，先行返京。

十一月，明珠加赠太子太傅。

康熙二十二年癸亥（1683） 29岁

此年内康熙帝出行情况：

正月二十七至三十，南苑。

二月二十至三月初六，五台山。

四月二十一至五月初一，玉泉山、潭柘寺。

六月十二至七月二十五，古北口、近边。

九月十一至十月初九，五台山。太皇太后同行。

十一月二十一至十二月初七，遵化、近边。

三月，官氏父朴尔普以一等公为蒙古都统。

春，朱彝尊入直南书房，赐居黄瓦门左。

夏秋间，吴兆骞返京，仍为揆叙塾师。

是年，秦松龄、严绳孙迁中允，并为《平定三逆方略》纂修官。

康熙二十三年甲子（1684）　30岁

本年内康熙帝出行情况：

正月十五至十七，南苑。

二月十七至三月初二，近南霸州、赵北口。

四月初六至十一，玉泉山。

五月十九至八月十五，古北口、近边。

九月二十八至十一月二十九，南巡。经泰山、扬州、苏州、无锡、镇江、江宁、曲阜等地，并阅淮扬河工。

十二月二十五至二十八，遵化。

八月，秦松龄为顺天乡试正考官。

九月，顾贞观携沈宛赴京。

十月，严绳孙为顺天武乡试副考官。吴兆骞病卒于京师。

十一月初，南巡至江宁，成德会曹寅。

冬，秦松龄因顺天乡试事下狱，徐乾学力救之，得放归。

十二月，徐乾学由侍讲学士升詹事府詹事。

岁暮，成德纳沈宛为妾。

是年，成德作书梁佩兰，邀梁至京共编词选。

康熙二十四年乙丑（1685）　*31岁*

本年一至六月内康熙帝出行情况：

正月十五至十七，南苑。

正月二十九至二月初五，玉泉山。

二月十五至三十，近南霸州、雄县。

四月初十至十五，玉泉山。

六月初一至初九，古北口、近边。

三月，徐乾学、韩菼升内阁学士，兼礼部侍郎。

三月十八日康熙帝诞辰，书贾至《早朝大明宫》诗赠成德。

四月下旬，又令成德赋《乾清门应制》诗，译《松赋》为满文，成德升一等侍卫或在此时。

春，梁佩兰抵京，沈宛南归。

四月，严绳孙请假南归（实为弃官），与成德别。

五月，明珠充《政治典训》总裁官，王鸿绪、董讷为副总裁官。

五月二十二日，梁佩兰、顾贞观、姜宸英、吴雯会于成德渌水亭，饮酒，各赋《夜合花》诗。次日，成德得疾。

五月三十日，成德因七日不汗病故。

康熙二十五年丙寅（1686）

成德葬京郊皂荚村皂甲屯。

徐乾学撰《墓志铭》《神道碑文》，韩菼撰《神道碑铭》，顾贞观撰《行状》，姜宸英撰《墓表》。董讷撰《诔词》。张玉书等六人撰《哀词》。严绳孙等十八人撰《祭文》。徐元文等二十七人撰《挽诗》。蔡升元等五人撰《挽词》。

康熙二十七年戊辰（1688）

明珠罢相，任内大臣。

康熙三十年辛未（1691）

徐乾学刻《通志堂集》，收成德作品十八卷，附录二卷。词四卷，居卷六至卷九，收词三百首。同年，张纯修刻《饮水诗词集》三卷，收词三百零三首。

徐、张二本词由顾贞观阅定。

康熙三十九年庚辰（1700）

成德长子富格卒，年二十六岁。次子富尔敦中进士。

康熙四十七年戊子（1708）

明珠卒。

道光十二年壬辰（1832）

汪元治刊结铁网斋本《纳兰词》，五卷，三百二十六首。

光绪六年庚辰（1880）

许增刊娱园本《纳兰词》，五卷，三百四十二首。